गुरु नानकदेव

कौन हैं ये नानक!
क्या केवल सिक्ख धर्म के संस्थापक!
नहीं, मानव-धर्म के उत्थापक।
क्या वे केवल सिक्खों के आदिगुरु थे!
नहीं, वे मानव-मात्र के गुरु थे।
पाँच सौ वर्ष तक
उन्होंने जिन पावन उपदेशों का प्रकाश
जन-जन को दिया,
उससे आज भी पूरी मानवता
आलोकित है।
नानक कोई दार्शनिक नहीं हैं।
वे कोई शास्त्र नहीं रच रहे हैं।
वे तो अपना अंतर्भाव कह रहे हैं।
जैसा उन्होंने अनुभव किया, वही कह रहे हैं।
नानक की धारणा परम समर्पण की है।
वही भक्त की परम साधना है।
नानक ने योग नहीं किया,
तप नहीं किया,
ध्यान नहीं किया।
नानक ने सिर्फ गाया और गाकर ही पा लिया।
उनका गीत ही ध्यान हो गया
गीत ही योग बन गया, गीत ही तप हो गया
आइए, हम भी उनके स्वर में गाएँ।

गुरु नानकदेव

डा० गिरिराजशरण अग्रवाल

प्रकाशक : **डायमंड पॉकेट बुक्स (प्रा.) लि.**
X-30 ओखला इंडस्ट्रियल एरिया, फेज-II
नई दिल्ली-110020
फोन : 011-40712200
ई-मेल : sales@dpb.in
वेबसाइट : www.diamondbook.in

Guru Nanak Dev

By : Dr. Giriraj Sharan Agarwal

गुरु नानकदेव

अँधेरी रात। बादल डरावनी गड़गड़ाहट के साथ गरज रहे थे। बीच-बीच में बिजली की कौंध उठती थी। पूरा गाँव नींद में निमग्न था।

लेकिन नानक रात देर तक जागते रहे और गाते रहे।

रात आधी से ज़्यादा बीत गई। नानक के कमरे का दीपक जल रहा था। गीत का स्वर वातावरण के शोर में खो जाता था। लेकिन गीत था कि रुकता न था।

द्वार पर नानक की माँ ने दस्तक दी और कहा, 'बेटे, अब सो भी जाओ! रात कितनी बीत गई है।'

नानक रुके। तभी पपीहे ने रात के अँधेरे में ज़ोर से कहा, 'पीउ पीउ।'

नानक ने माँ से कहा, 'माँ, अभी तो यह पपीहा भी चुप नहीं हुआ। यह तो अब तक अपने प्यारे को पुकार रहा है। मैं कैसे चुप हो जाऊँ?'

माँ चुपचाप सुन रही थी। क्या कहे अपने पुत्र से!

नानक बोले, 'माँ, इस पपीहे से मेरी होड़ लगी है। जब तक यह गाता रहेगा, तब तक मैं भी अपने प्रिय को पुकारता रहूँगा और देखो माँ, इसका प्यारा तो इसके कितने पास है, कहीं पास में ही छिपा हुआ। मेरा प्रिय तो बहुत दूर है। मैं तो कई जन्मों तक भी गाता रहूँगा, तब भी उसके पास नहीं पहुँच पाऊँगा।'

नानक ने फिर से गाना आरंभ कर दिया। धीरे-धीरे उनका मन फिर प्रियतम में लीन हो गया।

कौन हैं ये नानक!

क्या केवल सिक्ख धर्म के संस्थापक!

नहीं, मानव-धर्म के उत्थापक।

क्या वे केवल मानव-मात्र के गुरु थे। पाँच सौ वर्ष पूर्व उन्होंने जिन पावन उपदेशों का प्रकाश जन-जन को दिया, उससे आज भी पूरी मानवता आलोकित है।

गुरु नानक का जन्म 15 अप्रैल 1469 ई० (वैशाख सुदी 3, संवत् 1526 वि०) में तलवंडी नामक स्थान में हुआ था। सुविधा की दृष्टि से गुरु नानकदेव की जन्मतिथि कार्त्तिक पूर्णिमा को मनाई जाती है। सिक्ख तलवंडी को 'ननकाना साहब' भी कहते हैं। तलवंडी लाहौर (पाकिस्तान) जिले में लाहौर से 30 मील दक्षिण-पश्चिम में है।

नानक के जन्म के समय वह स्थान, जहाँ पर नानक का जन्म हुआ था, अलौकिक ज्योति से भर उठा। शिशु के मस्तक के आस-पास तेज आभा फैली हुई थी।

जन्म लेते समय नवजात शिशु रोता है किंतु शिशु नानक के चेहरे पर मुस्कान थी।

पिता कालूचंद्र बेदी को यह अद्भुत समाचार घर की सेविका ने दिया। वे आश्चर्य से भर उठे। उन्होंने सेविका से कहा कि ऐसा कैसे हो सकता है!

जिसने भी इस विलक्षण बालक के विषय में सुना, वह आश्चर्य से भर गया।

गाँव के पुरोहित पंडित हरदयाल को समझते देर न लगी कि इसमें ज़रूर भगवान् का कोई रहस्य है।

पुत्री के बाद घर में पुत्र का आगमन हुआ था इसलिए माता-पिता अत्यधिक आनंदित थे। उन्होंने ग़रीबों को भरपेट भोजन कराया, कपड़े वितरित किए। कई दिनों तक घर में पूजा-पाठ चलता रहा।

ज्योतिषी ने बताया कि यह बालक बड़ा भाग्यवान् है।

अपने प्रताप से यह एक दिन जन-जन के हृदयों पर राज्य करेगा। लोग इसके चरणों में सिर झुकाकर स्वयं को धन्य मानेंगे। हर धर्म और जाति के व्यक्ति इसका सम्मान करेंगे और इसका नाम परम आदर से लेंगे।

विद्यालय में :

नानक सात वर्ष के हुए। पिता ने सोचा कि पुत्र को विद्यालय में भेज दिया जाए।

उन्हें गोपाल नाम के अध्यापक के पास भेज दिया गया।

विद्यालय जाकर नानक ने गुरु से पहला प्रश्न किया, 'आप जो पढ़ा रहे हैं, उसे पढ़कर क्या मैं परमात्मा को जान लूँगा?'

प्रश्न सुनकर पंडित चौंक गया। उसे इस गंभीर प्रश्न की उम्मीद न थी।

अध्यापक ने सोचा भी न था कि एक बाल ऐसा प्रश्न भी कर सकता है। उसने आश्चर्य से पूछा, 'परमात्मा को!'

नानक ने 'हाँ' में सिर हिलाया।

अध्यापक ने उत्तर दिया, 'नहीं, बहुत कुछ जान लोगे लेकिन परमात्मा को नहीं जान सकोगे।'

नानक ने कहा, 'मुझे वही तरीका बताएँ, जिससे मैं परमात्मा को समझ सकूँ। बहुत कुछ जानकर क्या करेंगे! उस एक को जानने से सब कुछ जान लिया जाता है।' नानक ने फिर पूछा, 'क्या तुमने उस एक को जान लिया है?'

अध्यापक कोई उत्तर नहीं दे सका। वह नानक को घर पहुँचा गया। उसने नानक के पिता से कहा, 'क्षमा करें। इस बच्चे को हम कुछ सिखा न सकेंगे। यह पहले से ही सीखा हुआ है। यह अवतारी है। इससे हम कुछ सीख लें, वही उचित है।'

भैंस चराते हुए :

विद्यालय की दीवारें नानक को बाँधकर न

रख सकीं।

गुरु द्वारा दिया हुआ पाठ उन्हें नीरस और व्यर्थ प्रतीत हुआ।

वैराग्य की भावना उनमें बचपन से ही थी। पिता ने पुत्र की इस दशा को देखा तो वे चिंतित हो उठे।

उन्होंने सोचा कि उनका पुत्र पागल तो नहीं हो गया है? उनके मन में अनेक प्रकार की आशंकाएँ पैदा हो गईं।

आख़िरकार उन्होंने पुत्र को बुलाया और कहा, 'देखो, कुछ न बने तो कम-से-कम जानवरों को जंगल में ले जाकर चरा लाओ। यह तो ऐसा काम है, जिसे मूर्ख-से-मूर्ख व्यक्ति भी कर सकता है।'

नानक ने सिर झुकाकर आज्ञा स्वीकार कर ली। दूसरे दिन वे गाय-भैंसों को लेकर जंगल की ओर निकल गए।

गाय-भैंस चरने लगीं और वह आँख बंद करके अपनी मस्ती में लीन हो गए।

परिणाम जो होना था, वहीं हुआ। गाय-भैंस पास के खेत में घुस गईं और उन्होंने खेत को चर डाला। सारा खेत साफ़ कर दिया।

खेत का मालिक भागा हुआ आया। वह नानक से बोला, 'यह तुमने क्या करा दिया है? मेरी फ़सल के पैसे भरने पड़ेंगे। मेरी पूरी फ़सल नष्ट हो गई।'

नानक ने आँखें खोलीं और कहा, 'तू घबरा मत। उसके ही जानवर हैं और उसका ही खेत है। उसने ही चरवाया है।'

खेत के मालिक ने समझा, अजीब पागल से पाला पड़ा है। वह बोला, 'चुप रह। बकवास मत कर। मैं बरबाद हो गया और तू न जाने क्या बोल रहा है?'

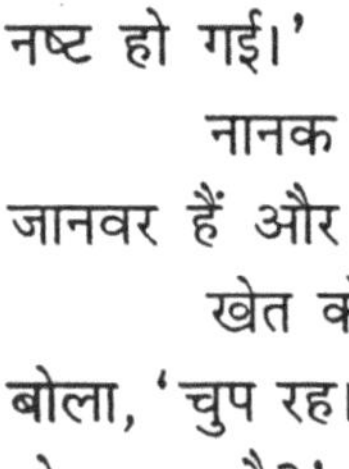

वह भागा हुआ गया। उसने नानक के बाप को पकड़ा और गाँव के मुखिया के पास ले गया।

गाँव का मुखिया नानक का भक्त था। उनकी वास्तविकता

को अच्छी तरह जानता था। उसने कहा, 'नानक से भी पूछ लेना चाहिए कि क्या हुआ?'

नानक को बुलाया गया। अपनी चिरपरिचित मुस्कान के साथ उन्होंने कहा, 'सब उसकी मर्जी से हो रहा है। उसी ने जानवर भेजे हैं, उसी ने फ़सल उगाई। उसने एक बार उगाई तो वह हज़ार बार भी उगा सकता है। इसमें घबराने की क्या बात है? मुझे नहीं लगता कि कोई नुकसान हुआ है।'

उस आदमी ने कहा, 'मैं तो सीधा खेत से आ रहा हूँ। मेरा सारा खेत बरबाद पड़ा है। यह लड़का कह रहा है कि कोई नुकसान नहीं हुआ। चलिए, आप भी देख लीजिए।'

सबने खेत पर जाने का निश्चय किया। नानक अब भी मुस्कुरा रहे थे।

सब खेत पर पहुँचे। खेत का मालिक आँखें फाड़कर अपने खेत को देख रहा था। उसका खेत तो पहले की ही तरह लहलहा रहा था। पहले से भी और घना।

सबने उसकी ओर देखा। उसने नानक की ओर देखा। नानक ने स्वाभाविक मुस्कान के साथ ऊपर की ओर देखा। सब परमात्मा की मर्जी से होता है।

विषधर की छाया :

एक दिन की बात है। बालक नानक हर रोज़ की तरह भैंसें चराने के लिए जंगल में पहुँचे। भैंसें चरने लगीं और वे अपने ध्यान में लीन हो गए।

दोपहर चढ़ आई। सूरज तप रहा था। वे खुले में ही लेट गए।

सूरज की तेज़ रोशनी सीधे बालक नानक के चेहरे पर पड़ रही थी।

तभी अचानक एक साँप आया और बालक नानक के चेहरे पर फन फैलाकर खड़ा हो गया। सूरज की तेज़ रोशनी अब नानक के चेहरे पर नहीं पड़ रही थी। वे फन की छाया में देर तक सोते रहे।

तभी वहाँ से जमींदार रायबुलार निकले। उन्होंने इस अनोखे दृश्य को देखा। उनके आश्चर्य का ठिकाना न रहा। रायबुलार ने मन-ही-मन नानक को प्रणाम किया। तब तक वहाँ कई लोग एकत्र हो गए थे। साँप ने भीड़ देखी और वह वहीं किसी बिल में घुस गया।

इस घटना की स्मृति में उस स्थान पर गुरुद्वारा माल जी साहब निर्मित है।

जनेऊ का विरोध :

अंधविश्वासों ने भारतीय समाज को हमेशा से अपने जाल में फाँस रखा है।

500 वर्ष पहले भी अंधविश्वास जन-जन में व्याप्त थे। आडंबरों ने व्यवहार का रूप ग्रहण कर लिया था। धार्मिक कट्टरता बढ़ रही थी। धर्म और भगवान का डर दिखाकर पंडितजन सामान्य जनता को ठगते रहते थे।

नानक का मत था कि ईश्वर की आराधना के लिए सच्चे मन से उसके नाम का स्मरण पर्याप्त है। उन्होंने निश्चय कर लिया था कि धर्म के नाम पर चलने वाले पाखंडों को ख़त्म करेंगे।

और उन्हें ऐसा अवसर शीघ्र प्राप्त हुआ।

नानक का जनेऊ संस्कार होनेवाला था। धूमधाम से सारा आयोजन किया गया था।

भीड़ एकत्र थी। ढोल-तासा बज रहा था। महिलाएँ गीत गा रही थीं। पंडित ने मंत्र पढ़ा और वह नानक के गले में जनेऊ का धागा डालने लगा। नानक ने टोका, 'रुको। इस जनेऊ के डालने से क्या होगा?'

जिसने भी सुना वह स्तंभित रह गया। यह कैसी

अशिष्टता है!

पंडित ने बताया, 'इस जनेऊ को डालने से तुम द्विज हो जाओगे।'

नानक ने पूछा, 'द्विज का क्या अर्थ है?'

पंडित ने कहा, 'द्विज का अर्थ है, जिसका दूसरा जन्म हुआ हो।'

नानक ने तर्क किया, 'क्या इस सूत को डालने से दूसरा जन्म हो जाएगा? क्या मैं नया हो जाऊँगा? क्या पुराना मर जाएगा और नए का जन्म हो जाएगा? अगर ऐसा ही हो सकता है तो मैं जनेऊ डालने को तैयार हूँ।'

पंडित के पास तो कोई उत्तर नहीं था।

नानक ने फिर पूछा, 'अगर यह जनेऊ टूट गया तो?'

पंडित ने कहा, 'बाज़ार में और मिलते हैं। इसको फेंक देना, दूसरा ले लेना।'

नानक बोले उठे, 'तो फिर इसे रहने दो। जो खुद ही टूट जाता है, जो बाज़ार में बिकता है, जो दो पैसे में मिल जाता है, उससे उस परमात्मा की खोज क्या होगी!'

मुझे जिस जनेऊ की आवश्यकता है, उसके लिए दया की कपास हो, संतोष का सूत हो, संयम की गाँठ हो, सत्य की पूरन हो। यही जीवन के लिए आध्यात्मिक जनेऊ है। हे पंडित, यदि इस प्रकार का जनेऊ तुम्हारे पास हो तो मेरे गले में पहना दो। यह जनेऊ न टूटता है, न इसमें मैल लगती है, न यह जलता है और न खोता ही है–

दरआ कपाह संतोखु सूतु जतु गढ़ी सतु वटु।
ऐहु जनेऊ जीअ का हई त पांडे घतु।
ना एहु तुटै न मलु लगै ना एहु न जाइ।

खेती ही करो :

नानक के पिता सोचते थे कि नानक आलसी

और निकम्मा है। वह न कुछ काम करता है, न कुछ कमाता है। सारे दिन बेकार घूमता है या खाली बैठा रहता है। पिता को उनके भविष्य की भी चिंता थी।

कुछ नहीं सूझा तो एक दिन नानक से कहा, 'बेटा, तुम खेती सम्हालो। मैं जुताई-बुआई के सामान का इंतज़ाम किए देता हूँ।'

इस पर नानक ने उत्तर दिया, 'पिता जी, आप जिस खेती की बात कर रहे हैं, उसे तो मैं झूठा काम मानता हूँ।'

'फिर कैसी खेती करोगे?' पिता ने पूछा।

'सच्ची खेती-बारी।' नानक ने कहा।

पिता ने कहा, 'मैं समझा नहीं। सच्ची खेती-बारी से तुम्हारा क्या मतलब है?'

ऐसी खेती-बारी जिसकी फ़सल हमेशा काम आए।' नानक ने विनम्रता के साथ कहा।

पिता ने पूछा, 'तो फिर ऐसी फ़सल कैसे बोओगे?'

नानक का उत्तर था, 'मन को हलवाहा, शुभकर्मों को कृषि, श्रम को पानी तथा शरीर को खेत बनाना चाहिए। नाम को बीज तथा संतोष को अपना भाग्य बनाना चाहिए। नम्रता को ही रक्षक बाड़ बनाने पर भावपूर्ण कार्य करने से जो बीज जमेगा, उससे ही घर-बार संपन्न होगा–

मनु हाली किरसाणी करमी सरमु पानी तनु खेतु।
नाम बीजु संतोखु सुहागा रखु गरीबी वेसु।
भाउ करम करि जमसी के घर भागठ देखु।

ख़रा सौदा :

बहुत सोच-समझकर पिता ने नानक को किसी व्यापार में लगाने का निश्चय किया। उनके लिए एक दुकान खुलवा दी गई।

एक दिन पिता ने नानक को बुलाया और कहा, 'ये लो

बीस रुपए। लाहौर चले जाओ और दुकान के लिए कुछ सौदा ख़रीदकर ले आओ।'

नानक ने रुपए ले लिए और पिता से पूछा, 'पिताजी, कैसा सौदा लाऊँ?'

पिता ने कहा, 'सौदा ख़रा होना चाहिए, जिससे हमें फ़ायदा हो।'

'जैसी आपकी आज्ञा।' नानक ने नम्रता से उत्तर दिया।

वे सौदा ख़रीदने के लिए लाहौर के लिए चल दिए। वे रास्ते में सोचते जाते थे कि कौन-सा ख़रा सौदा लाया जाए, जिससे अधिक फ़ायदा मिले। रास्ते में एक जंगल पड़ता था। वहाँ कुछ साधुओं ने डेरा जमा रखा था। नानक रुके। उन्होंने साधुओं को प्रणाम किया।

साधु कई दिन से भूखे थे। उनके पास खाने का कोई प्रबंध नहीं था। साधुओं ने नानक को सामने खड़े देखा तो बोले, 'बच्चा, हम कई दिनों से भूखे हैं। कुछ दाना-पानी का इंतज़ाम कर दो। भूखों को भोजन कराने में बहुत लाभ होता है।'

नानक तो लाभ कमाने के लिए ही निकले थे। उन्हें पिता की बात याद आई। बेटा, ऐसा सौदा करना, जिसमें अधिक लाभ मिले। फिर यह तो अधिक लाभ का ही सौदा है।

नानक ने साधुओं की बात सुनी और बोले, 'चलिए, गाँव की ओर चलते हैं। वहीं आपके लिए भोजन का प्रबंध हो जाएगा।'

साधुओं ने पेट-भर भोजन किया। तृप्त होकर वे नानक को आशीर्वाद देने लगे। साधुओं को तृप्त देखकर नानक फूले न समाए। उन्हें लगा कि जिस ख़रे सौदे के लिए वे घर से निकले थे, वह तो हो गया। अब लाहौर जाना व्यर्थ था।

नानक ख़ाली हाथ घर लौट आए। पुत्र को इतनी जल्दी लौटकर आया देखकर पिता ने पूछा, 'तुम कौन-सा सौदा ख़रीदकर लाए हो?'

'बहुत बड़े लाभ का सौदा।' नानक ने कहा।

'हम भी तो देखें।' पिता को उत्सुकता थी कि पुत्र ऐसा क्या सौदा ख़रीदकर लाया है।

नानक ने सारी बात विस्तार से बताई तो पिता क्रोध से भर उठे। उन्हें बीस रुपए ख़र्च होने का इतना दुःख नहीं था। उन्हें दुःख था तो केवल इस बात का कि नानक को सुधारने का यह तरीका भी व्यर्थ हो गया।

क्या नानक पागल है :

यह जगत् बड़ा विचित्र है। इसमें किसी भी प्रकार धन कमानेवाला अक्लमंद माना जाता है। धन को परोपकार में लगा देनेवाला पागल समझा जाता है। नानक भी तो ऐसा ही कर रहे थे। पिता को आशंका हुई– क्या नानक पागल तो नहीं हो गए?

एक दिन पिता ने किसी बड़े वैद्य को बुलवाया और बेटे की चिकित्सा का अनुरोध किया। वैद्यराज नानक की बाँह पकड़कर नब्ज टटोलने लगे। नानक मन-ही-मन मुस्करा रहे थे। उनकी दृष्टि में तो सबसे बड़ा और सच्चा वैद्य एक ही था–ईश्वर। भला यह वैद्य क्या जाने कि उन्हें क्या बीमारी है!

नानक ने वैद्य का हाथ हटाया और कहा, 'आप मेरे किस रोग को खोज रहे हैं। मेरे शरीर में तो कोई पीड़ा नहीं है। हाँ, मेरे हृदय में अवश्य कसक उठती है और उसकी कोई दवा आपके पास नहीं है। इस बात का उल्लेख करते हुए गुरु नानकदेव बोले–

वैदु बुलाइआ वैदगी पकड़ि ढंडोले बांह।
भोला वैद्य न जाणई करक कलेजे माांह।

अर्थात् वैद्य इलाज करने के लिए बुलाया गया। वह बाँह पकड़कर रोग ढूँढ़ता है किंतु भोला वैद्य नहीं जानता कि मेरे हृदय में करक (दर्द) है।

वैद्य उनका मुँह ताकने लगा। पिता चुप थे। उनकी

समझ में कुछ नहीं आ रहा था कि वे क्या करें?

तभी किसी ने सुझाव दिया, 'कुछ दिनों के लिए नानक को बाहर भेज दीजिए। शायद घूम-फिरकर मन को चैन मिले।

मोदीख़ाने की नौकरी :

नानक के बहनोई जैराम सुलतानपुर के नवाब के दीवान थे। नानक को वहाँ शाही भंडार की देख-रेख का काम मिल गया। उन्हें वहाँ का मोदी बना दिया गया। उनका काम था ग्राहकों को सामान तौलकर देना। वे पूरी लगन से काम में लग गए।

रोज़ की तरह एक दिन वे अनाज तौल रहे थे। अनाज तराजू में भरते और ग्राहक के पात्र में डाल देते। एक, दो, तीन, दस, ग्यारह, बारह, फिर पहुँचे तेरह। पंजाबी में तेरह को 'तेरा' ही बोलते हैं।

फिर तो वे 'तेरा' पर ही रुक गए। वे तौलते गए। किंतु संख्या 'तेरा' से आगे नहीं बढ़ी। अनाज भरते, तराजू में डालते और कहते 'तेरा'। लोग समझे कि नानक पागल हो गए हैं।

लोगों ने उन्हें रोकना चाहा, परंतु वे तो किसी और ही लोक में थे। कहे जाते थे 'तेरा'। कुछ देर बाद उनकी समाधि भंग हुई। उन्हें प्रतीत हुआ कि 'तेरा' पर सब समाप्त हो गया। यही तो मंज़िल है। इसे ही तो वे पाना चाहते थे।

मरघट में ध्यानमुद्रा :

फिर एक रात नानक घर छोड़कर चले गए। किसी को पता नहीं था कि वे कहाँ हैं? उनकी खोज आरंभ हुई साधुओं की संगत में, मंदिरों में। जहाँ भी संभावना थी, वहीं पर उन्हें खोजा गया। पर वे कहीं नहीं मिले।

तब किसी ने कहा, 'मैंने उन्हें मरघट की तरफ़ जाते देखा है।'

किसी को विश्वास नहीं हुआ। विश्वास हो भी तो कैसे? मरघट पर तो कोई अपनी मरजी से जाता नहीं? लेकिन जब वे कहीं न मिले तो लोग मरघट पर पहुँचे। नानक ने तो वहीं धूनी जमा रखी थी।

घर के लोगों ने समझा, 'पागल हो गए हो? घर-द्वार छोड़कर क्या कर रहे हो यहाँ? यह मरघट है। पता है तुम्हें?'

नानक बोले, 'जो यहाँ आ गया वह कभी नहीं मरता और जिसे तुम घर कहते हो, वहाँ जो भी है, वह आज नहीं तो कल मरेगा। फिर जब एक दिन यहाँ आना ही है तो चार आदमियों के कंधे पर चढ़कर क्या आना? मैं तो खुद ही चला आया।'

नानक के सत्य का काटने वाला वहाँ कोई भी नहीं था। फिर भी परिचितों ने उन्हें समझाया और घर ले आए।

लेकिन नानक वैसे आदमी न रहे, जैसे थे। कुछ था जो उनके भीतर मर गया था और उनके मन में किसी नए का जन्म हो गया था।

सत्यलोक की यात्रा :

रात बीत रही थी। अभी अँधेरा समाप्त नहीं हुआ था। चारों ओर सन्नाटा था। नानक अपने साथी मरदाना के साथ नदी के तट पर बैठे थे। वे अचानक उठे और अपने वस्त्र उतार दिए। बिना कुछ कहे नदी में उतर गए।

मरदाना पूछता ही रहा, 'क्या करते हैं? रात ठंडी है, अँधेरा है।'

किंतु नानक ने जैसे कुछ नहीं सुना। वे दूर नदी में चले गए। मरदाना पीछे-पीछे गया। नानक ने डुबकी लगाई।

मरदाना सोचता था कि कुछ देर में बाहर आ जाएँगे। पर वे बाहर नहीं आए। दस-पाँच मिनट तो मरदाना ने राह देखी। फिर वह चिल्लाने लगा। किनारे पर ही दौड़ने लगा कि कहाँ हो? आवाज़ दो। पर नानक की कोई ख़बर नहीं मिली। वह भागा-भागा गाँव गया। अभी तक गाँव-भर सो रहा

था। गाँव वालों ने मरदाना की चीख़-पुकार सुनी। भीड़ एकत्र हो गई। नानक तो सबको प्यारे थे। उनकी उपस्थिति में सबको प्रसन्नता होती थी। सारा गाँव रोने लगा। लोग दौड़कर नदी पर पहुँचे। सारी नदी खोज डाली। लेकिन नानक का कोई पता न चला।

सारा गाँव शोक में डूब गया।

तीन दिन बीत गए। लोगों ने स्वीकार कर लिया कि नानक डूब गए, बह गए। किसी खाई-खड्ड में उलझ गए। घर के लोगों ने भी समझ लिया कि अब लौटने का कोई उपाय नहीं रहा। रोने के अतिरिक्त अब उनके पास रह ही क्या गया था। सब उदास बैठे थे, शोक में, वेदना में। तभी एक आदमी दौड़ता हुआ आया। वह हाँफ रहा था। उसकी साँस फूल रही थी।

'क्या हुआ?' किसी ने पूछा।

'नानक! नानक ज़िंदा हैं। मैंने देखा उन्हें। अभी। नदी के किनारे पर एक पेड़ के नीचे समाधि में बैठे हैं।' उसने अपनी प्रसन्नता के आवेश में कहा।

पहले तो लोगों को उसकी बात पर विश्वास ही नहीं हुआ। किंतु समाचार तो आनंददायक था।

लोग फिर से नदी की ओर दौड़ पड़े। बहन नानकी और बहनोई जैराम उनके पीछे-पीछे थे। रास्ते में जिसने भी सुना, वह वहीं से नदी की तरफ लौट पड़ा।

कुछ ही देर में नानक जी के चारों ओर भीड़ लग गई। लोग हैरान थे। नानक अपनी समाधि में लीन। उन्हें पता ही नहीं था कि इतनी भीड़ उनके पास आकर खड़ी हो गई है।

अचानक नानक ने आँखें खोलीं। अपने चारों ओर इतने लोगों को खड़े हुए देखा। प्रत्येक व्यक्ति की आँखों में खुशी के आँसू थे। सबके मन में एक ही

जिज्ञासा थी–कहाँ रहे तीन दिन तक!

अब वे समझ गए थे कि नानक कोई साधारण मानव नहीं हैं।

नानक मुस्कराए। बोले–

एक ओंकार सतिनाम करता पुरुखु निरभउ निरवैरु
अकाल मूरति अजूनि सैभं गुरु प्रसादि।

अर्थात् वह एक है, ओंकार स्वरूप है, वह सत्यनाम वाला है, करतार है, आदिपुरुष है, भय से रहित तथा वैर से रहित है, वह तीनों काल से रहित स्वरूपवाला है। वह अयोनि और स्वयंभू है, और गुरु की कृपा से प्राप्त होता है।

सारा गाँव उनके चरणों में बैठ गया। सबके मन में एक ही प्यास थी। ईश्वर का अमृतरस उन्हें भी पीने को मिले। नानक ने अमृतरस सबको बाँट दिया। इतना पिलाया वह रस कि सब तृप्त हो गए। उन्होंने जपुजी का मंत्र दिया।

उन्होंने बताया–

'आदि सचु जुगादि सचु
है भी सचु नानक होसी भी सचु।'

वेई नदी भी पवित्र हो गई। इस नदी के किनारे पर, जहाँ नानक ने दुबारा प्रकट होकर दर्शन दिए थे गुरुद्वारा संतघाट बना हुआ है।

गृह–त्याग का संकल्प :

नानक का विवाह संवत् 1544 की 24 जेठ को हो गया था। तब वे 18 वर्ष के थे। उनकी पत्नी का नाम सुलक्षणा था। वे मूलचंद खत्री की सुकन्या थीं। विवाह के बाद नानक के घर दो पुत्रों का जन्म हुआ।

पहले पुत्र श्रीचंद ने भाद्रपद सुदी 9 संवत् 1551 को जन्म लिया तथा दूसरे पुत्र श्री लक्ष्मीदास 19 फाल्गुन संवत् 1953 में पैदा हुए।

गृहस्थ में रहते हुए भी नानक संन्यासी ही बने रहे।

प्राय: वे समाधि में लीन रहते।

धीरे-धीरे उन्होंने अनुभव किया कि सीमित क्षेत्र में रहकर वे भूले-भटके लोगों का उद्धार नहीं कर सकते।

अपने महान् कार्य के लिए उन्हें दर-दर जाना चाहिए। दर-दर की खाक छाने बिना ईश्वर से सच्चा मिलाप नहीं हो सकता। उन्होंने गृहस्थ को त्यागने का संकल्प लिया। उनके निर्णय की सूचना तलवंडी पहुँची। सास-ससुर को भी पता चला कि नानक वैराग्य धारण कर रहे हैं। समाचार मिलते ही सब सुलतानपुर पहुँच गए।

नानक तो घर-संसार त्यागकर लोककल्याण के पथ पर निकलने को तैयार बैठे थे।

माता-पिता ने पुत्र को समझाया। सास-ससुर ने भी उन्हें रोकने का प्रयास क्रिया। पत्नी ने आँसू भरे नेत्रों से निवेदन किया। पर नानक अपने निर्णय पर अटल थे। उन्होंने विनम्रता के साथ उत्तर दिया, 'मेरा प्रभु चाहता है कि मैं उसका सच्चा स्वरूप जन-जन तक पहुँचाऊँ। मेरा निवेदन है कि मुझे इस मार्ग पर जाने से मत रोकिए।'

सबने समझ लिया कि नानक को उनकी राह से डिगाना संभव नहीं है। वे जिस साधना-मार्ग को ग्रहण कर रहे हैं, उसी से उनका और सबका कल्याण संभव है।

लोककल्याण की दिशा में :

गुरु नानक ने संन्यास लिया था लोककल्याण के लिए। उनका उद्देश्य था समाज को आडंबरों और व्यर्थ की माया-मोह से मुक्त कराना। वे समझ गए थे कि जन-जन को ईश्वर-प्राप्ति का सच्चा मार्ग दिखाना आवश्यक है। उन्हें विश्वास था कि लोककल्याण के अपने महान् कार्य में वे कभी असफल नहीं हो सकते।

उनका समाज तरह-तरह के आडंबरों से भरा

हुआ था; धर्मांधता का बोलबाला था। पंडित-मौलवी भोली-भाली जनता की भावनाओं की आड़ लेकर उन्हें मनमाने ढंग से लूट रहे थे।

किंतु नानक के पास ईमानदारी थी, सच्चाई थी और बाँटने को प्यार था। उन्होंने भ्रमण का मार्ग अपनाया। स्थान-स्थान पर जाकर उन्होंने भ्रष्ट मान्यताओं से मुक्त होने का उपदेश दिया। लोग दूर-दूर से उनके विचार सुनने आते।

जैसे-जैसे उनकी लोकप्रियता बढ़ रही थी, वैसे-वैसे पंडितों और मौलवियों की नींद हराम हो रही थी। किंतु जनता को एक ऐसा मसीहा मिल गया था, जो उनके दुःखों को जानता था; दुःखों में उनका सहायक था।

नानक के साथ एक और व्यक्ति भी था। वह था मरदाना-एक मिरासी मुसलमान। वह रबाब बजाता तो ऐसा कि लोग झूम उठते। नानक जी जगह-जगह रुककर भजन गाते थे और मरदाना रबाब बजाता था।

इन दोनों का साथ आजीवन रहा।

नानक की वाणी में गजब का ओज था, उपदेश में आकर्षण था, विचारों में सहजता थी और स्वर में मधुरता थी। उनकी बात सुननेवालों पर जादू-सा हो जाता था।

उनकी लोकप्रियता दिन-प्रतिदिन बढ़ रही थी।

मुसलमान के घर आतिथ्य :

जो ज्ञानी है, उसके लिए संप्रदाय की सीमा नहीं होती। नानक इसका प्रत्यक्ष प्रमाण थे।

अपनी यात्रा में नानक एक मुसलमान नवाब के घर मेहमान थे। नानक को क्या हिंदू और क्या मुसलमान!

नवाब ने नानक से कहा, 'आप कहते हैं कि न कोई हिंदू और न कोई मुसलमान। यदि यह सच है तो आप हमारे साथ नमाज पढ़ने चलिए। आज शुक्रवार है। हम मस्जिद में जाएँगे।'

नानक ने सुना। वे राजी हो गए किंतु शर्त रखी, 'अगर तुम पढ़ोगे तो हम भी पढ़ेंगे।'

नवाब ने कहा, 'यह भी कोई शर्त हुई? हम तो नमाज पढ़ने जा ही रहे हैं।'

पूरा गाँव इकट्ठा हो गया। हिंदुओं में शोर मच गया। नानक हिंदू होकर नमाज पढ़ेंगे। लोगों ने समझा कि वे अपना धर्म बदलने जा रहे हैं।

किंतु नानक अपनी बात पर दृढ़ थे।

नमाज पढ़ी गई। नवाब सिजदे में झुक गया, किंतु नानक वैसे ही खड़े रहे। नवाब ने बार-बार देखा कि नानक न तो झुके, न नमाज पढ़ी, बस खड़े हैं। वह बहुत नाराज़ हुआ। जल्दी-जल्दी नमाज पूरी की, क्योंकि क्रोध में कौन नमाज पढ़ सकता है।

दूसरे लोग भी नमाज पूरी करके नानक को भला-बुरा कहने लगे, 'तुम धोखेबाज़ हो। कैसे साधु, कैसे संत! तुमने वचन दिया नमाज पढ़ने का लेकिन पूरा नहीं किया।'

नानक ने कहा, 'वचन दिया था लेकिन मेरी शर्त आप भूल गए। मैंने कहा था कि अगर आप नमाज पढ़ेंगे तो मैं पढ़ूँगा। जब आपने ही नहीं पढ़ी नमाज तो मैं कैसे पढ़ूँगा?'

नवाब बोला, 'क्या कह रहे हो? होश में भी हो तुम? इतने लोग थे साथ में। सब गवाह हैं कि हम नमाज पढ़ रहे थे।'

नानक ने उत्तर दिया, 'मैं इनकी ग़वाही नहीं मानता। मैं तो आपको देख रहा था कि आपके भीतर क्या चल रहा है? आप तो काबुल में घोड़े ख़रीद रहे थे।'

नवाब थोड़ा हैरान हुआ। वह घोड़े ही तो ख़रीद रहा था। उसी दिन वह सुबह उसका बढ़िया घोड़ा मर गया था। वह उसी की पीड़ा से ग्रस्त था। वह यही सोच रहा था कि कैसे काबुल जाऊँ और किसप्रकार

बढ़िया घोड़ा ख़रीदूँ?

नानक ने फिर कहा, 'और यह तुम्हारा मौलवी जो नमाज पढ़वा रहा था, खेत में खड़ा हुआ अपनी फ़सल काट रहा था।'

मौलवी ने स्वीकार किया, 'बात तो सच है। फ़सल पक गई है और उसी की चिंता मन पर सवार है।'

अब नानक बोले, 'अब तुम ही बताओ, जब तुमने नमाज नहीं पढ़ी तो मैं कैसे तुम्हारा साथ दूँ?'

पाप की रोटी में ग़रीब का ख़ून है :

गुरु नानक जगह-जगह उपदेश देते हुए एक गाँव में पहुँचे। वहाँ भी उन्होंने उपदेश दिया। नानक की मधुर वाणी से प्रभावित होकर दो व्यक्ति उनके पास पहुँचे और भोजन के लिए निमंत्रित किया। उनमें से एक गाँव का जमींदार था और दूसरा निर्धन लुहार लालू।

गुरु सोच में पड़ गए कि किसके घर जाएँ। आख़िर में उन्होंने निर्धन लुहार लालू के घर भोजन करने का निर्णय किया। यह तो जमींदार का घोर अपमान था। वह कैसे सहन कर सकता था कि कोई उसका निमंत्रण ठुकरा दे।

जमींदार बोला, 'मेरे महल में जाकर, मेरे शुद्धतम भोजन को खाने से इंकार करते हो और इस लुहार की रोटी खाने की स्वीकृति देते हो। ऐसा क्यों?'

नानक मुस्कराए। दोनों को प्यार से देखा। बोले, 'अब तुम ज़िद करते हो तो कहता हूँ। तुम अपना भोजन ले आओ। और लालू, तुम भी घर जाओ और अपनी रोटी ले आओ। जो खाना स्वादिष्ट होगा, उसे ही खाएँगे।'

जमींदार ने जल्दी-जल्दी स्वादिष्ट भोजन तैयार करवाया। उधर लालू लुहार घर गया। उस समय घर में केवल मक्की का आटा था। उसने उसी की दो रोटियाँ बनवाईं।

दोनों भोजन लेकर नानक जी के पास पहुँचे और उसे नानक जी के चरणों में रख दिया। नानक जी ने दोनों द्वारा लाए गए खाने पर दृष्टि डाली। ईश्वर का नाम लिया और लालू द्वारा लाई गई मक्की की रोटी खाने लगे।

जमींदार को इससे बड़ा कष्ट हुआ। वह बोला, 'गुरुदेव! यह क्या? मैं तो आपके लिए इतने स्वादिष्ट पकवान बनवाकर लाया था, किंतु आपने तो मक्की के आटे की रूखी रोटी खा ली। आपने ही तो कहा था कि जो भी खाना स्वादिष्ट होगा, मैं वही खाऊँगा।'

'वही तो खाया है भाई।' नानक जी ने कहा।

'वह कैसे?' जमींदार बोला।

इस पर नानक जी ने एक हाथ में लालू द्वारा लाए गए रोटी के टुकड़े लिए और उन्हें निचोड़ दिया। उसमें से दूध की धारा बहने लगी।

फिर जमींदार द्वारा लाए गए भोजन को उठाया और उसे भी निचोड़ दिया। लोगों ने देखा कि उसमें से ख़ून की धारा फूट पड़ी।

गुरु नानक बोले, 'तुम ब्राह्मणों से भोजन बनवाओ, एक-एक गेहूँ को साफ़ कराओ, इससे कोई फ़र्क नहीं पड़ेगा। तुम्हारा जीवन शोषण, बेईमानी, चोरी और झूठ का है। तुम्हारी हर चीज में खून छिपा है। लालू अपने गाढ़े पसीने से कमाता है और उसी में से थोड़ा-बहुत निकालकर साधु-संतों की सेवा में लगा देता है, इसीलिए इसकी रूखी रोटी से दूध टपक रहा है। अब तुम्हीं बताओ कि ख़ून की रोटी स्वादिष्ट होती है या दूध की?

खेत सींच रहा हूँ :

भ्रमण करते हुए एक बार गुरु नानक हरिद्वार आए। पितृपक्ष चल रहा था। नानक ने देखा कि कितने ही व्यक्ति गंगा में खड़े होकर पूर्व दिशा की ओर जल चढ़ा रहे हैं। उन्हें बड़ी जिज्ञासा हुई कि ये सब कर

क्या रहे हैं?

उन्होंने वहीं खड़े एक व्यक्ति से पूछा, 'ये लोग किसे जल चढ़ा रहे हैं?'

वह बोला, 'पितृपक्ष है। हम लोग अपने पितरों की आत्मा की शांति के लिए उन्हें जल चढ़ा रहे हैं।'

'क्या इस तरह से जल उन तक पहुँच जाएगा?' नानक जी ने पूछा।

उस व्यक्ति ने नानक को इस तरह देखा, जैसे कोई किसी पागल को देखता है। फिर बोला, 'तुम भी चढ़ाकर देख लो न।'

नानक जी गंगा में उतरे। पश्चिम की ओर मुँह किया और अपने लोटे से जल्दी-जल्दी से जल उडेलने लगे। लोगों ने उन्हें आश्चर्य से देखा। पूछा, 'अरे, आप पश्चिम दिशा में जल क्यों चढ़ा रहे हो?'

'बात यह है कि पश्चिम की ओर मेरे खेत हैं। वे सूख रहे हैं। मैं उन्हें पानी दे रहा हूँ।' नानक जी ने सीधा-सा उत्तर दिया।

उनकी बात सुनकर लोग हँसते लगे। एक व्यक्ति बोला, 'कितनी दूर हैं तुम्हारे खेत?'

'यही, कोई दो सौ मील दूर।'

'तुम पागल हो, इतनी दूर खेतों में तुम्हारा भेजा पानी कैसे पहुँच सकता है।' किसी ने कहा।

'क्यों नहीं पहुँच सकता? अच्छा बताओ, तुम्हारे पुरखे कितनी दूर हैं?' नानक ने पूछा।

'वे तो अनंत दूरी पर हैं।' लोगों ने कहा।

नानक ने कहा, 'जब तुम्हारा चढ़ाया जल अनंत दूरी तक पहुँच सकता है तो दो सौ मील का फ़ासला तो बहुत कम है। यदि जल तुम्हारे पुरखों तक पहुँच जाएगा तो हमारे खेत तक भी पहुँच जाएगा।'

पाप तरै संगति कुल तारै :

उन दिनों गुरु नानकदेव पूर्वी भारत की यात्रा पर थे। अपने ज्ञान का प्रकाश फैलाते हुए उन्होंने एक गाँव में डेरा डाला। मरदाना भी उनके साथ था। उन दोनों को अपने गाँव में आया देखकर वहाँ के लोग अत्यधिक प्रसन्न हुए। उन्होंने दोनों का आदर-सत्कार किया। कई दिनों तक गुरु के उपदेश सुने।

एक दिन गुरु ने वहाँ से विदा ली। गाँव के स्त्री-पुरुष, बालक-वृद्ध उनके पास आकर एकत्र हो गए। चलते समय गुरु नानक ने उनकी ओर देखा और कहा, 'इस गाँव में रहने वाले उजड़ जाएँ।'

इसी यात्रा में वे एक अन्य गाँव में पहुँचे। वहाँ के व्यक्तियों में न श्रद्धा थी, न भक्ति। उन्होंने सत्कार के स्थान पर दोनों का उपहास किया। यहाँ तक कि किसी ने उनसे पानी तक को नहीं पूछा। गुरु नानक और मरदाना वहाँ से जल्दी ही विदा हो गए। जाते-जाते गुरु ने उस गाँव के व्यक्तियों को आशीर्वाद दिया, 'ये सब यहीं बसते रहें।'

बड़ी विचित्र बात थी। गुरु के इस आशीर्वाद से मरदाना को भी आश्चर्य हुआ। उसने गुरु के रहस्यपूर्ण वचनों का अर्थ नहीं समझा। बोला, 'गुरुदेव, मेरी एक शंका है। कृपया इसका समाधान कीजिए।'

'क्या बात है मरदाने?' गुरु ने पूछा।

'यही कि जिस गाँव के लोगों ने आपका आदर-सत्कार नहीं किया, आपके उपदेशों को ध्यान से न सुना, उन्हें आपने वहीं बसे रहने का आशीर्वाद दे दिया। इसका कारण क्या है?' मरदाना इतना कहकर सिर झुकाए खड़ा रहा।

गुरु नानक ने मरदाना की बात सुनी, मुस्कराए और बोले, 'मरदाने, यह बात तो बड़ी सीधी-सी है। जो अच्छे लोग हैं, जिनमें सेवाभाव भरा हुआ है, उन्हें एक जगह पर नहीं, हर जगह पर रहना चाहिए। वे स्वयं भी तर

जाएँगे और सत्संगति से दूसरों का भी उद्धार करेंगे। लेकिन जो बुरे हैं, जो दूसरों की सेवा करने के स्थान पर स्वार्थ में डूबे रहते हैं, ऐसे लोगों को एक ही स्थान पर रहना चाहिए। यदि ऐसे लोग फैल जाएँगे तो अपने आचरण से दूसरों को भी भ्रष्ट कर देंगे।

लाहौर की ओर :

पूर्वी भारत की अपनी सफल यात्रा के बाद नानक जी ने अपने 'देस' लौटने का निश्चय किया। इस बीच अनेक स्थानों पर अनेक सूफ़ी और साधकों से उनकी भेंट हुई। प्रेम और समर्पण के अपने संदेश को प्रसारित करते हुए नानक जी ने लाहौर की ओर प्रस्थान किया।

रास्ते में वे हसन अब्दाल नामक स्थान पर रुके। यहाँ पर एक छोटी पहाड़ी पर बली कंधारी नाम का एक फ़क़ीर रहता था। मरदाना ने गुरु नानक से कहा, 'गुरु जी, ज़ोर की प्यास लगी है। देखें, कहीं पानी मिल जाए।'

गुरु नानक ने इधर-उधर देखा और बोले, 'मरदाने, नीचे तो पानी दिखाई नहीं देता। ऊपर पहाड़ी पर एक चश्मा है। वहाँ पर एक फ़क़ीर रहता है। जाओ, उससे पानी माँगो।'

मरदाना ने फ़क़ीर की कुटिया के पास पहुँचकर आवाज़ लगाई, 'फकीर जी, पानी मिलेगा?'

बली कंधारी बाहर आया और क्रोध करता हुआ बोला, 'कौन है तू?'

'मैं मरदाना हूँ। मुझे बड़े ज़ोर की प्यास लगी है। पानी पिलाएँगे?'

'नहीं है, यहाँ पानी। भागो यहाँ से।'

मरदाना निराश होकर लौट आया।

'क्यों मरदाने, पानी मिला?' गुरु ने पूछा।

'यह फ़क़ीर तो बड़ा क्रोधी है। उसने पानी भी नहीं पिलाया। नाराज़ भी हुआ।' मरदाने ने उत्तर दिया।

'कोई बात नहीं। मैं जैसा कहता हूँ, वैसा करो। वह सामने चट्टान देखते हो। जाओ, उसे उठाओ।' नानक जी ने मरदाने से कहा। मरदाना ने ज़ोर लगाकर पत्थर उठाया। वह खुशी से नाचने लगा। चिल्लाते हुए बोला, 'गुरुजी, पानी।'

पत्थर के नीचे स्वच्छ पानी का स्रोत निकल आया था। मरदाने ने देखा कि जैसे-जैसे उस स्थान पर पानी बढ़ रहा था, वैसे-वैसे पहाड़ी का चश्मा सूखता जा रहा था। बली कंधारी ने भी अपने चश्मे को सूखते हुए देखा तो क्रोध से पागल हो उठा। क्रोध के आवेश में उसने एक पत्थर गुरु नानक की ओर लुढ़का दिया।

गुरु नानक ने पत्थर को आते हुए देखा। वे पास आए और पत्थर को हाथ से रोक दिया। यह वही स्थान है, जहाँ प्रसिद्ध गुरुद्वारा पंजा साहब बना हुआ है। यह गुरुद्वारा अब पाकिस्तान में है।

मक्का की यात्रा :

गुरु नानक ने भारत के लगभग सभी तीर्थ-स्थलों की यात्रा की। अब उन्होंने मुस्लिम तीर्थस्थल मक्का की यात्रा करने का निश्चय किया।

लंबी यात्रा करके अन्य हाजियों के साथ जब वे मक्का पहुँचे तो बहुत थक गए थे। पैरों में छाले उभर आए थे। रात भी गहरी हो गई थी। शरीर थककर चूर हो गया था। आराम करने के लिए वे लेट गए। उनके पैर उसी तरफ़ थे, जिस तरफ़ पवित्र काबा था। हज करने के लिए आने वाला कोई भी यात्री इस तरफ़ पैर करके नहीं सोता।

एक मुल्ला वहाँ आया। उसने एक हज-यात्री को काबे की ओर पैर करके सोते हुए देखा। उसे बड़ा क्रोध आया। चीख़कर बोला, 'तुम कैसे आदमी हो? हज करने आए हो और यह भी पता नहीं कि खुदा के घर की तरफ़ पैर करके सोना ग़लत काम है।'

गुरु नानक ने बड़ी शांति के साथ उसकी ओर

देखा और बोले, 'अरे भाई, जिस ओर खुदा का घर न हो, उस तरफ़ पैर कर दो। मैं बहुत थक गया हूँ।'

मुल्ला ने क्रोध भरी निगाह से नानक को देखा और उनके पैर घसीटकर दूसरी तरफ़ कर दिए। किंतु मुल्ला के आश्चर्य का ठिकाना न रहा। उसने देखा कि जिस तरफ़ उसने यात्री के पैर किए थे, काबा उसी तरफ़ दिखाई दे रहा था। उसने फिर पैर घुमाए तो काबा भी उसी ओर घूमता दिखाई दिया।

नानक जी वहाँ से मदीना, बगदाद और अफ़गानिस्तान की यात्रा करते हुए भारत लौट आए।

जब बाबर ने क्षमा माँगी :

इसी बीच बाबर ने भारत पर आक्रमण किया था। नानक जी उन दिनों सैदपुर में थे।

सिपाहियों ने शहर पर हमला बोल दिया। घर-बाज़ार लूट लिए गए। हिंसा का तांडव किया गया। जो बच गया, उसे क़ैद कर लिया गया।

बाबर के सैनिकों ने गुरु नानक और मरदाना को भी पकड़ लिया। दूसरे क़ैदियों की तरह इन दोनों को भी काम पर लगा दिया गया। जब अन्य क़ैदी रोते-बिलखते रहते, उस समय भी गुरु नानक और मरदाना आराम से काम करते रहते और ईश्वर के भजन गाते रहते।

धीरे-धीरे यह समाचार बाबर के पास तक पहुँचा। बाबर को बताया गया कि एक अनूठा क़ैदी है। वह परेशानियों में भी मस्त रहता है। जेल में भी गाता रहता है। उसे क़ैद नहीं किया जा सकता। उसका मन तो पूरी तरह आज़ाद है।

बाबर को जिज्ञासा हुई, ऐसे क़ैदी से मिला जाए। आदेश दिया गया, 'उसे हमारे सामने हाजिर करो। हम उससे मिलना चाहते हैं।'

नानक जी ने कहा, 'हम क्यों मिलने जाएँ?'

बाबर स्वयं कारागृह में आया। नानक जी के प्रकाश-पुंज के सम्मुख उसकी गर्दन झुक गई। उनसे क्षमा माँगते हुए बाबर ने कहा, 'माफ़ कीजिए। मेरे सिपाहियों ने आपको नाहक दुख पहुँचाया है। मैं शर्मिंदा हूँ। आप आज़ाद हैं।'

गुरु नानक बोले, 'एक मैं ही नहीं हूँ, जिस पर तुम्हारे सिपाहियों ने जुल्म किया है। जब तक क़ैद किए गए सभी लोगों को नहीं छोड़ा जाता, मैं आज़ाद होकर क्या करूँगा?'

बाबर की आज्ञा से सारे क़ैदी मुक्त कर दिए गए। वह नानक जी को आदर-सहित अपने आवास पर लाया और उनके सामने बहुमूल्य पदार्थों एवं शराब को प्रस्तुत किया।

नानक हँसे। बोले, 'मैं तो परमात्मा की शराब पी चुका। अब इस शराब से मुझे नशा न चढ़ेगा। बाबर, कितना अच्छा हो कि तुम भी मेरी शराब पियो।'

ऊह हंस अकेला जाइ :

गुरु नानक एकेश्वरवादी थे। वे एक ईश्वर के अतिरिक्त किसी दूसरे का स्मरण उचित नहीं समझते थे।

दूजा काहे सिमरिए, जन्मे ते मर जाय।
एक सिमरो नानका, जो जल-थल रहिआ समाय।

उन्होंने नाम-स्मरण को महत्त्व दिया। उनके अनुसार जिसने इस संसार में आकर नाम-स्मरण नहीं किया, उस जैसा दुर्भागी कोई नहीं है- नाम अराधन ना मिलै नानक हीन करम।'

ईश्वर के यहाँ जाति-पाति का विचार महत्त्वहीन है। जो भी उसे सच्चे मन से स्मरण करेगा, वही उसे पाएगा। साहब के दीदार को सच्चे इश्क़ की ज़रूरत है। नानक ने कहा है :

खत्री ब्राह्मण सूद बैस, जाति पूछि न देई दाति।
नानक भागैं पाइयै, त्रिह पहरे पिछली राति।

नानक ने हिंदू-मुसलमान के भेद को स्वीकार नहीं किया। उनका मत था कि सभी एक ईश्वर के पुत्र हैं। फिर भेद-भाव कैसा? एक काजी द्वारा यह पूछने पर कि 'आप हिंदू हैं या मुसलमान' नानक जी ने कहा था–

हिंदू कहों तो मारिये, मुसलमान भी नाहिं
पाँच तत्त्व का पूतला, नानक मेरा नाम।

उन्होंने मोह-माया, धन-वैभव को निरर्थक मानते हुए कहा कि सबको इस संसार से अकेले ही जाना है, जिन्हें तू अपना समझे बैठा है, वे सभी अंत समय में तुझसे अलग हो जाएँगे।

मित्रां दोस्त माल धन, छडिड चले अति भाइ।
संगी न कोई नानका, उह हंस अकेला जाइ।

और यह हंस 70 वर्ष की साधना के पश्चात् सन् 1539 में परम ज्योति में विलीन हो गया।

16 साहित्य विहार
बिजनौर (उ०प्र०)

डा० गिरिराजशरण अग्रवाल

एक ओंकार सति नाम

एक ओंकार ‘सति नाम
करता पुरखु निरभउ निरबैर
अकाल मूरति अजूनी
सैभं गुरु प्रसादि।

वह एक है, ओंकारस्वरूप है, सत नाम है, कर्ता पुरुष है, भय से रहित है, वैर से रहित है, कालातीत मूर्ति है, अयोनि है, स्वयंभू है, गुरु की कृपा से प्राप्त होता है।

यहाँ नानकदेव का अभिप्राय है कि उस ‘एक’ का जो नाम है, वही ओंकार है। और सब नाम तो आदमी के द्वारा दिए गए हैं। राम कहो, कृष्ण कहो, अल्लाह कहो, ये नाम आदमी के दिए हुए हैं। सांकेतिक नाम हैं। किंतु एक उसका नाम है, जो हमने नहीं दिया, वह ओंकार है। वह ‘ओम्’ है।

जपु जी

आदि सचु
जुगारि सचु।
है भी सचु
नानक होसी भी सचु।

वह परमात्मा आदि में सत्य रूप से स्थित था।
युगों के आरंभ में वही सत्य रूप में विद्यमान था।
वर्तमान काल में भी सत्य ही है।
भविष्य में भी सत्य ही रहेगा।

सोचै सोचि न होवई

सौचे सोचि न होवई
जो सोची लख बार।
चुपै चुपि न होवई
जे लाइ रहा लिवतार।

भुखिआ भुख न उतरी
जे बना पुरी आ भार।
सहस सिआणपा लख होहि
त इक न चलै नालि।

किव सचिआरा होईऐ
किव कूड़ै तुटै पालि।
हुकमि रजाई चलणा
नानक लिखिआ नालि।

यदि हम परमात्मा के संबंध में लाखों बार भी सोचें, तब भी उसे सोच नहीं सकते। चुप रहने से हमारी अखंड वृत्ति (लिवतार) उससे नहीं जुड़ सकती।

यदि हम इंद्रलोक आदि अनेक पुरियों से संबंधित हो जाएँ तो भी परमात्मा की प्राप्ति के बिना भूखों की भूख मिट नहीं सकती। हज़ारों-लाखों चतुराइयाँ क्यों न हों किंतु उनमें से एक भी साथ नहीं देती अर्थात् उन चतुराइयों से

परमात्मा की प्राप्ति नहीं होती।

हम लोग किस प्रकार सच्चे बनें और किस प्रकार असत्य (कूड़ै) के परदे (पालि) का नाश हो? परमात्मा की आज्ञा और उसकी इच्छा के अनुसार चलने पर ही हम सच्चे बन सकते हैं। किंतु उसकी आज्ञा और इच्छा के अनुसार चलना यदि हमारे भाग्य में लिखा होता है, तभी हम ऐसा कर सकते हैं।

हुकमी होव न आकार

हुकमी होवनि आकार
हुकमी न कहिया जाय।
हुकमी होत न जीअ
हुकमी मिलै बड़ि आई।

हुकमी उत्तम नीचु
हुकमी लिखित दुख सुख पाईअहि।
इकना हुकमी बक्शीस
इकि हुकमी सदा भवाई अहि।

हुकमी अंदर सभुको–
बाहर हुकम न कोय।
नानक हुकमी जे बुझे
त हऊ में कहे न कोय।

हुक्म से आकार की उत्पत्ति हुई। हुक्म को शब्दों में नहीं कहा जा सकता। हुक्म से ही जीवों की उत्पत्ति हुई। हुक्म में बढ़ाई मिलती है।

हुक्म से ही कोई छोटा है, कोई बड़ा है। हुक्म से ही सुख-दुख की प्राप्ति होती है। हुक्म से ही कोई प्रसाद को प्राप्त होता है। हुक्म से ही कोई आवागमन में भटकता है।

हर कोई हुक्म के अंदर है। हुक्म से बाहर

कोई नहीं है। नानक कहते हैं कि जो उस हुक्म को समझ लेता है, वह अहंकार से मुक्त हो जाता है।

[अभिप्राय यह है कि संसार में जो कुछ भी होता है, सब परमात्मा की इच्छा और मरजी से ही होता है। हम अपनी इच्छा से कुछ नहीं कर सकते। इसलिए हमें सब कुछ उसी पर छोड़ देना चाहिए। जब हमारा कर्त्ता-भाव मिट जाएगा, तभी हम अहंकार (मैं हूँ) के भाव से मुक्त हो जाएँगे।]

हुकमी हुकम चलाए राह

गावै को ताणु होवै किसे ताणु
गावै को दाति जाणै निसाणु।
गावै को गुण बड़ि आइया चारु।
गावै को बिदिआ विखमु बीचारु।
गावै को साजि करे तनु खेह।
गावै को जीअ लै फिरि देह।

गावै को जापै दिसे दूरि।
गावै को देखै हादरा हदूरि।
कथना कथी न आवै तोटि।
कथि कथि कथी कोटि कोटि कोटि।

देदा दे लैदे थकि पाहि।
जुगा जुगंतरि खाही खाहि।
हुकमी हुकमु चलाहे राहु।
नानक विगसै बेपरवाहु।

कोई उसके बल का गान गाते हैं कि वह महाशक्तिशाली है, परम शक्तिशाली है। कोई उसके दान का गीत गाते हैं कि वह परमदाता है। कोई उसके गुण और सौंदर्य का बखान करते हैं कि वह परम सौंदर्य है। कोई उसे

कहते हैं सत्य, कोई उसे कहते हैं शिव, कोई उसे कहते हैं सुंदर। कोई यह गाते हैं कि उसने शरीर रचा है। फिर वही शरीर को मिटाता है। कोई कहते हैं कि जीव फिर उसकी देह धारण करता है।

कोई कहते हैं कि वह बहुत दूर दिखाई देता है। कोई कहते हैं कि वह बहुत निकट है। कोई कहते हैं कि वह हमें देखता है और सर्वव्यापी है। उसके गुणगान का अंत नहीं आता। कहते-कहते थक जाते हैं। करोड़, करोड़, करोड़ बार कहने पर भी वह अनकहा ही पीछे छूट जाता है।

दाता देता ही चला जाता है। लेने वाले लेते-लेते थक जाते हैं। उसको युग-युगांतर तक भोगकर भी हम चुका नहीं पाते। वह हुक्मी हुक्म से पथ-निर्देश करता है। वह बेपरवाह और आनंदित है।

साचा साहिबु साचु नाइ

साचा साहिबु साचु नाइ,
भाखिया भाउ आपरु।
आखहि मंगहि देहि देहि,
दाति करे दातारु।

फेरि कि अगै रखीऐ
जितु दिसै दरबारु।
मुहौ कि बोलणु बोलीऐ
जित सुणि धरे पिआरु।

अमृत बेला सचु नाउ
बड़ि आई बीचारु।
करमी आवे कपड़ा।
नदरी भाखु दुआरु।

नानक एवै जाणिऐ
समु आपे सचिआरु।

साहब सच्चा है, उसका नाम सच्चा है। उसका गुणगान अशेष भावों में किया जाता है। लोग माँगते रहते हैं और दाता देता चला जाता है फिर भी उनकी

माँग का अंत नहीं होता।

फिर उसके आगे क्या रखा जाए कि उसके दरबार का दर्शन हो? (नानक कह रहे हैं कि उसने इतना दिया है कि माँगने को कुछ छोड़ा नहीं। जब शिकायत समाप्त हो जाती है और अहोभाव पैदा होता है तो हम धन्यवाद देने जाते हैं और फिर यह सोचते हैं कि क्या भेंट लेकर जाएँ द्वार पर?) किन शब्दों का प्रयोग करें? उसे कैसे रिझाएँ? उसे कैसे राज़ी करें? हम क्या करें कि हम पर उसके प्यार की वर्षा हो?

नानकदेव कहते हैं कि अमृतबेला में सत्यनाम की महिमा का ध्यान करो। कर्म से शरीर मिलता है। संसार मिलता है। कृपा-दृष्टि से मोक्ष का द्वार प्राप्त होता है।

नानकदेव कहते हैं—इस प्रकार जानो कि सत्य ही, परमात्मा ही सब कुछ है।

थापिया न जाई कीता न होई

थापिया न जाई कीता न होई।
आपे आप निरंजन सोई।
जिनि सेविआ तिनि पाइया मानु।
नानक गावीऐ गुणी निधानु।

गावीऐ सुणीऐ मनि रखीऐ भाउ।
दुख परहरि सुखु घर लै जाउ।

गुरु मुखि नादं, गुरु मुखि वेदं
गुरु मुखि रहिया समाई।
गुरु ईसरु गुरु गोरखु बरमा
गुरु पारबती माई।

जे हउ जाणा आखा नाहीं।
कहणा कथनु न जाई।
गुरा एक देहि बुझाई-
सभना जीआ का इकु दाता
सो मैं विसरि न जाई।

परमात्मा न तो स्थापित किया जा सकता है, न निर्मित किया जा सक़ता है। वह निरंजन स्वयं में ही

सब कुछ है। (तुम्हें उसे बनाने की आवश्यकता नहीं। तुम नहीं थे तब भी था। तुम नहीं होगे तब भी होगा), जिन्होंने उसकी सेवा की, उसे ही मान-सम्मान प्राप्त हुआ। नानक कहते हैं कि उसी गुणनिधान का भजन करो।

उसी का भजन करो, श्रवण करो, उसका ही भाव मन में रखो। इसके बाद तुम दुःख से छूट जाओगे और सुख घर ले जाओगे।

गुरुवाणी ही नाद है। गुरुवाणी ही वेद है। वह परमात्मा गुरुवाणी में समाया हुआ है। गुरु शिव, गुरु विष्णु और गुरु ही ब्रह्मा है। गुरु ही माँ पार्वती भी है।

जो मैं जानता भी तो भी उसका वर्णन नहीं कर सकता था, क्योंकि कथन द्वारा नहीं कहा जा सकता। लेकिन एक गुर (विधि) से सारी पहेली हल हो जाती है। वह गुर है कि सभी प्राणियों का एक ही दाता है। उसे मैं न भूल जाऊँ।

सभना जीआ का इकु दाता

तीरथि नावा जे तिसु भावा–
विणु भाणे कि नाइ करी।

जेती सिरठी उपाई वेखा
विणु करमा कि मिलै लई।

मति बिच रतन जवाहर माणिक
जे इक गुर की सिख सुणी।
गुरा इक देहि बुझाई–
सभना जीआ का इकु दाता
सो मैं बिसरि न जाई।

यदि मैं उसको (परमात्मा को) भा गया तो मैंने तीर्थों में स्नान कर लिया और यदि नहीं भाया तो नहा-धोकर क्या करूँगा?

[यहाँ गुरु नानकदेव का अभिप्राय यह है कि तुम उसे तभी पसंद आओगे जब तुम उसके विरोध में खड़े नहीं होंगे। तुम उसे तभी भाओगे जब तुम सब प्रकार से उसमें स्वयं को लीन कर दोगे।

उसने जितनी सृष्टि की है और दृश्य बनाए हैं उसमें कर्म के सिवा किसको क्या मिला? [अर्थात् इस जगत् में आकर हर व्यक्ति सुख-साधन जुटाने के कर्म में लगा है और कर्त्ताभाव से ग्रस्त होकर परमात्मा को भूल गया

है।]

नानकदेव कहते हैं कि जो गुरु की एक सिखावन सुन लेता है उसकी मति रत्न, जवाहर और माणिक जैसी हो जाती है (बहुमूल्य हो जाती है)। एक गुर (विधि, युक्ति) से सब पहेलियाँ हल हो जाती हैं कि सभी प्राणियों का दाता एक है, मैं उसे कभी न भूलूँ।

जे जुग चारे आरजा

जे जुग चारे आरजा
होर दसूणी होई।
नवा खंडा बिचि जाणीऐ
नालि चलै सभु कोई।

चंगा नाउ रखाइकै
जसु कीरति जगि लेइ।
जे तिसु नदर न आवई
त बात पुछै केइ।

कीटा अन्दरि कीट करि
दोसी दोसु धरे।
नानक निरगुणि गुणु करे
गुणुवंतिया गुणु दे।
तेहा कोई न सुझई।
जि तिसु गुणु कोई करे।

किसी की आयु चार युगों के बराबर हो जाए, उससे भी दस गुनी हो जाए अगर नवखंडों (सारी सृष्टि) के लोग उसे जानते हों। जिसको सुनाम प्राप्त है, जिसकी कीर्ति सारे जगत् में फैली हो।

वह भी अगर उस परमात्मा की दृष्टि में नहीं जँचता तो उसका कोई मूल्य नहीं है। उसकी पूछ (यश) का कोई अर्थ नहीं है। उसे कोई भी नहीं पूछता।

वह कीटों में भी कीट बना दिया जाता है और दोषी भी उस पर दोष मढ़ने लगते हैं। नानक कहते हैं कि वह (परमात्मा) गुणहीनों को गुणी बना देता है और गुणवानों को और गुण देता है। प्रभु के अतिरिक्त और कोई नहीं है, जो गुण प्रदान कर सके।

सुणिऐ सिध पीर सुरि नाथ

सुणिऐ सिध पीर सुरि नाथ,
सुणिऐ धरति धवल आकाश।
सुणिऐ दीप लोअ पातालु,
सुणिऐ पोहि न सकै कालु।
नानक भगता सदा बिगासु,
सुणिऐ दुख पाप का नासु।

सुणिऐ ईसरु बरमा इंदु,
सुणिऐ मुख सालाहणु मंदु।
सुणिऐ जोग जुगति तनि भेद
सुणिऐ सासत सिमृति वेद।
नानक भगता सदा बिगासु,
सुणिऐ दुख पाप का नासु।

श्रवण से अर्थात् गुरु-उपदेश से कोई भी सिद्ध, देवता और इंद्र हो जाता है। सुनने से ही धरती और स्वच्छ आकाश स्थित है। सुनने से ही द्वीप, लोक, आकाश चल रहे हैं। श्रवण से ही मृत्यु स्पर्श नहीं करती। नानक कहते हैं–श्रवण से ही भक्त सदा आनंदित होते हैं। श्रवण से ही दुःख तथा पाप का नाश होता है। श्रवण से ही विष्णु, ब्रह्मा और इंद्र होते हैं। श्रवण से ही बुरे मुख से भी उसकी प्रशंसा के गीत निकलने लगते हैं। श्रवण से ही

योग की युक्ति और शरीर के भेद ज्ञात होते हैं।

श्रवण से ही शास्त्र, स्मृति और वेद का अनुभव होता है। नानक कहते हैं कि श्रवण से ही भक्तगण सदा आनंदित होते हैं और दु:ख तथा पाप का नाश होता है।

[नानकदेव का विचार है कि श्रवण की कला सीखना परम आवश्यक है। गुरु तो चारों तरफ हैं किंतु यदि सुनने की कला नहीं आती तो सभी सिद्ध पुरुष व्यर्थ हैं। गुरु तो उसी समय उपयोगी होता है जब व्यक्ति में श्रवण की सामर्थ्य उत्पन्न हो जाए।

सुणिऐ सतु संतोखु गिआनु

सुणिऐ सतु संतोखु गिआनु
सुणिऐ अठसठि का इस्नानु।
सुणिऐ पड़ि पड़ि पावहि मानु।
सुणिऐ लागै सहज धिआनु।
नानक भगता सदा बिगासु।
सुणिऐ दुख पाप का नासु।

सुणिऐ सरा गुणा के गाह।
सुणिऐ सेख पीर पातिसाह।
सुणिऐ अंधे पावहि राहु।
सुणिऐ हाथ होवै असगाहु।
नानक भगता सदा बिगासु।
सुणिऐ दुख पाप का नासु।

श्रवण से ही सत्य, संतोष और ज्ञान की प्राप्ति होती है। श्रवण से ही अड़सठ तीर्थों के स्नान का पुण्य प्राप्त होता है। श्रवण से ही पढ़-पढ़कर मान मिलता है। श्रवण से ही सहज ध्यान लगता है। नानक कहते हैं—श्रवण से भक्तगण आनंदित होते हैं तथा दुःख और पाप का नाश होता है।

श्रवण से श्रेष्ठ गुणों की थाह मिलती है। श्रवण से ही शेख, पीर, बादशाह होते हैं। श्रवण से ही

अंधे राह पाते हैं। श्रवण से ही अथाह की थाह मिल जाती है। वह हाथ में आ जाता है। नानक कहते हैं–श्रवण से ही भक्तगण सदा आनंदित होते हैं तथा दुःख और पाप का नाश होता है।

[नानक का विचार है– कि केवल विचार से परमात्मा को नहीं पाया जा सकता। विचार तो एक छोटे चम्मच के समान है, जिससे हम सागर को नाप रहे हैं। श्रवण का अर्थ है सागर में उतर जाना। जब तक हम सागर में डूबेंगे नहीं, तब तक थाह कैसे मिल सकती है? चम्मचों से तौलने पर थाह नहीं मिलती।]

मंने की गति कही न जाइ

मंने की गति कही न जाइ
जे को कहै पिछै पछुताइ।

कागद कलम न लिखण हारू
मंने का बहि करनि विचारू।

ऐसा नामु निरंजनु होइ।
जे को मंनि जाणै मनि कोइ।

मनन की गति कही नहीं जा सकती। जो इसे कहता है, वह पीछे पछताता है। न कागज है, न कलम है, न लिखनेवाला है, जो मनन की स्थिति पर विचार कर सके। वह निरंजन नाम ही ऐसा है कि जो कोई मनन करता है, उसका मन ही जानता है।

[नानक का विचार है कि 'निरंजन' गूँगे का गुड़ है, जो चख लेता है, वही जानता है। फिर जीवन-भर भूलता नहीं, अनंत जन्मों तक नहीं भूलता। एक बार यदि उसका स्वाद आ गया तो फिर कभी विस्मृत नहीं होता।]

मंनै सुरति होवै मनि बुधि

मंनै सुरति होवै मनि बुधि
मंनै सगल भवन की सुधि।

मंनै मुहि चोटा न खाइ।
मंनै जम के साथ न जाइ।

ऐसा नाम निरंजनु होइ।
जे को मंनि जाणै मनि कोइ।

मनन से ही मन और बुद्धि में सुरति का उदय होता है (अर्थात् मनन से स्मृति का विकास होता है। बोलने में एक विस्मरण है। वार्तालाप के क्षणों में 'स्मृति' खो जाती है।)

मनन से ही सब भुवनों की सुधि आती है (अर्थात् जिस दिन हम जागते हैं उसी दिन हमें ज्ञात होता है कि ये अनंत आकाश, ये भुवन, यह अस्तित्व, यह परमात्मा की अनंत लीला पहली बार हमें दिखाई पड़ रही है।)

मनन से ही मुँह में मार नहीं खानी पड़ती (अर्थात् यदि हम मननपूर्वक अपनी बात कहेंगे तो हमें कभी अपमान नहीं सहना पड़ेगा।)

मनन से ही यम के साथ नहीं जाना पड़ता। (यहाँ यम का अभिप्राय है भय। नानकदेव का मत है कि जो स्मरण करता हुआ मृत्यु को प्राप्त होता है, उसके सभी

प्रकार के भय समाप्त हो जाते हैं। तब वह पाता है कि मृत्यु तो जीवन की परिपूर्णता है, अंत नहीं।)

नानकदेव कहते हैं कि वह नाम निरंजन ही ऐसा है कि जो कोई मनन करता है, उसका मन ही जानता है।

मंनै मारग ठाक न पाइ

मंनै मारग ठाक न पाइ
मंनै पति सिउ परगटु जाइ।

मंनै मगु न चलै पंथु
मंनै धरम सेती सनबंधु।

ऐसा नामु निरंजनु होइ।
जे को मंनि जाणै मनि कोइ।

मंनै पावहि मोख दुआरु
मंनै परवारै साधारु।

मंनै तरे तारे गुरु सिख
मंनै नानक भवहि न भिख।

ऐसा नामु निरंजनु होइ।
जे को मंनि जाणै मनि कोइ।

मनन से ही मार्ग में बाधा नहीं आती। मनन से ही कोई प्रतिष्ठा के साथ विदा होता है।
मनन से ही कोई मार्ग से नहीं भटकता। मनन से ही

धर्म से संबंध बनता है।

वह नाम निरंजन ही ऐसा है कि जो कोई मनन करता है, उसका मन ही जानता है।

मनन से ही मोक्ष-द्वार की प्राप्ति होती है। मनन से ही परिवार को बचा लिया जाता है।

मनन से ही गुरु तरता है और शिष्य को तारता है। नानकदेव कहते हैं—मनन से ही भिक्षा के लिए नहीं भटकना पड़ता।

वह नाम निरंजन ही ऐसा है कि जो कोई मनन करता है, उसका मन जानता है।

मंनै पावहि मोख दुआरु

मंनै पावहि मोख दुआरु,
मंनै परवारै साधारु।
मंनै तरै तारे गुरु सिख,
मंनै नानक भवहि न भिख।
ऐसा नामु निरंजन होइ,
जे को मंनि जाणे मनि कोइ।

परमात्मा के मनन से ही मोक्ष के द्वार की प्राप्ति होती है।

मनन से ही मनन करने वाला अपने परिवार को आधारयुक्त बना लेता है अथवा मनन से ही परिवार को सुधार लेता है।

मनन से ही गुरु स्वयं तरता है और अपने शिष्य को भी तार देता है।

मनन से भिक्षा के लिए घूमना नहीं पड़ता।

वह नाम-निरंजन अर्थात् माया से रहित परमात्मा वास्तव में ऐसा ही है। जो कोई भी वास्तविक मनन करना जानता है, वह मन-ही-मन आनंदित होता है।

पंच परवाण पंच परधान

पंच परवाण पंच परधान।
पंचे पावहि दरगहि मानु।
पंचे सोहहि दरि राजानु।
पंचा का गुरु एक धिआनु।

जे को कहै करै वीचारु।
करते के करणै नाही सुमारु।

धौलु धरमु दइआ का पूतु।
संतोखु थापि राखिआ जिनि सूति।
जै को बूभै होवै सचिआरु।
धवलै उपरि केता भारु।

धरति होरु परै होरु होरु।
तिसते भारु तलै कवण जोरु।
जीअ जाति रंगाके नाव।
सभना लिखिआ वुड़ी कलाम।
एहु लेखा लिखि जाणै कोई।
लेखा लिखिआ कोता होई।

केता ताणु सुआलिहु रूपु।
केती दाति जाणै कौणु कूतु।
कीता पसाउ एको कवाउ।
तिसते होए लख दरिआउ।

कुदरति कवण कहा वीचारु।
वारिआ न जावा एक वार।
जो तुधु भावै साई भली कार।
तू सदा सलामति निरंकार।

गुणवान् और श्रेष्ठ व्यक्ति (पंच) ही परमात्मा के दरबार में प्रामाणिक माने जाते हैं, पंचों को ही प्रधान माना जाता है। पंच ही परमात्मा के द्वार पर सम्मान प्राप्त करते हैं, और पंच ही राजाओं के दरबार में सुशोभित किए जाते हैं। पंच (श्रेष्ठ व्यक्ति) का ध्यान एक गुरु में केंद्रित होता है।

यदि कोई व्यक्ति परमात्मा का वर्णन करता है तो वह सोच-समझ कर ऐसा करे, क्योंकि परमात्मा के कार्यों की गणना नहीं हो सकती।

परमात्मा का धर्म ही बैल है और वह परमात्मा की दया का पुत्र है। धर्म के साथ संतोष की स्थापना करके परमात्मा ने सारी सृष्टि को एक सूत्र में पिरो दिया है। जो कोई इस रहस्य को जानता है, वह सत्यस्वरूप ही हो जाता है। बेचारे बैल के ऊपर कितना भार है। (वास्तविकता तो यह है कि बैल नहीं वरन् परमात्मा ही पृथ्वी के भार को धारण करता है।)

धरतियाँ अनंत हैं, उनसे भी परे अनेक धरतियाँ हैं। उनके भार के नीचे कौन-सी शक्ति है? परमात्मा की

सृष्टि में अनंत जीव हैं, अनंत जातियाँ हैं, अनंत रंग हैं और अनंत नाम हैं। सभी के भाग्य उसकी आज्ञा की लेखनी से लिखे गए हैं। यदि उसका लेखा-जोखा रखा जाए तो अनगिनत लेख लिखे जा सकते हैं।

हे परमात्मा, तेरी कितनी शक्ति है और कितना सुंदर स्वरूप है। परमात्मा के कितने दान हैं, इसे कौन जान सकता है और अनुमान लगा सकता है? परमात्मा के एक वाक्य से सारी सृष्टि का निर्माण हुआ। उसी से लाखों नद उत्पन्न हुए।

हे परमात्मा, तेरी प्रकृति अथवा शक्ति का किस प्रकार विचार करूँ। इस पर अनेक बार बलिहारी हुआ जा सकता है। जो तुझे अच्छा लगे, वही अच्छा कर्म है। तू शाश्वत रहनेवाला और निरंकार स्वरूप है।

असंख जप असंख भाउ

असंख जप असंख भाउ,
असंख पूजा असंख तप ताउ।
असंख गरंथ मुखि वेद पाठ,
असंख जोग मनि रहहि उदास।
असंख भगत गुण गिआन वीचार,
असंख सती असंख दातार।
असंख सूर मुह भख सार,
असंख मोनि लिव लाइ तार।
मुदरति कवण कहा वीचारु,
वारिआ न जावा एक बार।
जो तुधु, भावै साई भली कार,
तू सदा सलामति निरंकार।

उस प्रभु के दर्शनों को प्राप्त करने के लिए असंख्य जप किए जाते हैं और उसकी आराधना असंख्य भावों से की जाती है। उसे प्राप्त करने के लिए असंख्य पूजाएँ और तपश्चर्याएँ की जाती हैं।

मुखों से धार्मिक ग्रंथों का पाठ किया जाता है, असंख्य प्रकार की योग-साधनाएँ की जाती हैं, मन को सांसारिक वासनाओं के प्रति उदासीन रखा जाता है।

असंख्य भक्त अपने-अपने मतानुसार उस परमात्मा के गुणों का विचार करते हैं और ज्ञान प्राप्त करते हैं।

असंख्य व्यक्ति सत्त्वगुण और दान द्वारा उस तक पहुँचने का प्रयास करते हैं।

उस प्रभु तक पहुँचने के लिए असंख्य शूर-वीर (युद्धभूमि में) मुँह से लोहे का भक्षण करते हैं अर्थात् घनघोर युद्ध करते हैं। असंख्य मौनव्रतधारी एकनिष्ठ भाव से तेरे ही ध्यान में निमग्न रहते हैं।

हे प्रभु, तेरी कुदरत, प्रकृति, शक्ति आदि का किस प्रकार विचार करूँ? तेरी इस अद्‌भुत रचना पर बार-बार न्योछावर होने का मन करता है।

जो कुछ तुझे अच्छा लगे वही सुकर्म है। हे प्रभु, तू शाश्वत और निरंकारस्वरूप है।

तू सदा सलामति निरंकार

असंख्य मूरख अंध घोर,
असंख्य चोर हरामखोर।

असंख्य अमर करि जाहि जोर,
असंख गलवढ हतिआ कमाहि
असंख पापी पापु करि जाहि
असंख कूड़िआर कूड़े फिराहि।
असंख मलेछ मलु भखि खाहि

असंख निंदक सिर करहि भारु
नानक नीचु कहै वीचारु
वारिआ न जावा एक वार।
जो तुधु साई भली कार
तू सदा सलामति निरंकार।

परमात्मा की तमोगुणी सृष्टि का विवरण देते हुए गुरु नानकदेव ने कहा है–

'इस सृष्टि में असंख्य प्राणी मूर्ख और घनघोर तमोगुणी हैं। असंख्य चोर और कृतघ्न हैं। असंख्य व्यक्ति बलात् अपनी आज्ञा का पालन कराते हैं और असंख्य व्यक्ति गला काटने वाले तथा हत्यारे हैं।

असंख्य पापी पापकर्मों में ही अपनी आयु समाप्त कर देते हैं। असंख्य असत्यवक्ता अपने असत्य के साथ स्थान-स्थान पर घूमते हैं। असंख्य मलेच्छ अखाद्य वस्तुएँ खाते हैं।

असंख्य निंदक अपने सिर पर परनिंदा का भार ढोते रहते हैं।

इस प्रकार नानक अधर्मों पर विचार करते हैं और कहते हैं कि हे परमात्मा, तेरी इस अद्भुत सृष्टि पर बार-बार न्यौछावर होना भी कम है।

हे प्रभु, जो तुझे अच्छा लगे, वही सुकर्म है। तू तो शाश्वत और निरंकार ब्रह्म है।

असंख नाव असंख थाव

असंख नाव असंख थाव
अगंम अगंम असंख लोअ।
असंख कहहि सिरि भारु होइ।

अखरी नामु अखरी सालाह
अखरी गिआनु गीत गुण गाह।
अखरी लिखणु बोलणु वाणि
अखरा सिरि संजोगु बखाणि।

जिनि एहि लिखे तिसु सिर नाहि
जिव फुरमाए तिव तिव पाहि।
जेता कीता तेता नाउ
विणु नावै नाही को थाउ।

कुदरति कवण कहा वीचारु
वारिआ न जावा एक बार।
जो तुधु भावै साई भली कार
तू सदा सलामति निरंकार।

हे परमात्मा! तेरे असंख्य नाम हैं, असंख्य स्थान हैं। मन, वाणी और बुद्धि से परे अनंत लोक हैं। वास्तविकता

तो यह है कि उनकी असंख्य संख्या बताना भी सिर पर बोझ ही लादना है।

अक्षर से ही नाम की प्राप्ति होती है। अक्षर से परमात्मा की स्तुति होती है। अक्षर से ज्ञान प्राप्त होता है। अक्षर से परमात्मा का गुण-गान होता है। अक्षर से ही लिखने और बोलने का ज्ञान होता है। अक्षर द्वारा ही भाग्य का संयोग अंकित रहता है।

जिस परमात्मा ने अक्षर की रचना की है, वह इनके अधीन नहीं है। वह जिस प्रकार आज्ञा देता है, मनुष्य उसी प्रकार प्राप्त करता है। सारी सृष्टि उस परमात्मा का ही नाम है। परमात्मा के नाम-बिना कोई भी स्थान नहीं है।

हे प्रभु! तेरी प्रकृति और माया का वर्णन किस प्रकार करूँ? तेरी इस आश्चर्यमयी प्रकृति पर अनंत बार न्यौछावर होना भी कम है। जो कुछ तुझे अच्छा लगे वही सुकर्म है। तू शाश्वत और निरंकार ब्रह्म है।

नानक हुकमी आवहु जाहु

भरीऐ हथु पैरु तनु देह।
पाणी धोतै उतरसु खेह।

मूल पलोती कपड़ होइ।
दे साबूणु लईऐ ओहु धोइ।

भरीऐ मति पापों के संगि।
ओहु धोपै नावै के रंगि।

पुनि पापी आखणु नाहि।
करि-करि करणा लिखि लै जाहु।

आपे बीजि आपे ही ख़ाहु।
'नानक' हुकमी आवहु जाहु।

यदि हाथ, पैर और शरीर के दूसरे अंगों में धूल भर जाए तो पानी से धोने पर मैल साफ़ हो जाता है।

यदि मूत्र से कपड़े अशुद्ध हो जाएँ तो साबुन से धोकर उन्हें साफ कर लिया जाता है।

वैसे ही यदि बुद्धि पापों से भरी हो तो वह नाम के प्रेम से, प्रेम के रंग से शुद्ध की जा सकती है।

कहने मात्र से न कोई पुण्यात्मा हो जाता है और न पापी। जो-जो कर्म हम करते हैं वे परमात्मा के दूतों द्वारा लिख लिए जाते हैं।

मनुष्य स्वयं ही अपने कर्मों के बीज बोता है और स्वयं उनके फल खाता है।

नानक कहते हैं कि परमात्मा के हुक्म के अनुसार जन्म-मरण का चक्र (आवागमन) लगा रहता है।

तीरथ तपु दइया दतु दान

तीरथ दपु दइया दतु दान
जे को पावै तिल का मानु।
सुणिआ मनिआ मनि कीता भाउ
अंतरगति तीरथि मलि नाउ

सभि गुण तेरे मैं नाही कोइ
विणु गुण कीते भगति न होइ।
सुअसति आथि बाणी बरमाउ
सति सुहाणु सदा मनि चाउ।

कवणु सुबेला बखतु कवणु
कवणु थिति कवणु वारु।
कवणि सि रुती माहु कवण
जितु होवा आकारु।

बेल न पाईआ पंडती
जि होवै लेखु पुराणु।
बखतु न पाइओ कादीआ
जि लिखिनि लेखु कुराणु।

थिति वार ना जोगी जाणै
रुति माहु ना कोई।
जा करता सिरठी कउ साजै
आपे जाणै सोई।

किव करि आखा किव सालाही
किउ वरनी किव जाणा।
नानक आखणि सभु को आखै
इकदू इकु सिआणा।

बड़ा साहिबु बड़ी नाई
कीता जा का होवै।
नानक जे को आपौ जाणै
अगै गइया नं सोहै।

गुरु नानकदेव कहते हैं कि तीर्थाटन, तप, दया, दान और पुण्य से तिल बराबर सम्मान प्राप्त होता है किंतु जो कोई प्राणी परमात्मा का श्रवण और मनन करता है उसका मन प्रेमपूर्ण हो जाता है और आंतरिक तीर्थ में मल-मल कर उसका स्नान हो जाता है।

हे परमात्मा! सभी गुण तुझमें हैं, मुझमें कुछ नहीं। बिना गुण धारण किए भक्ति नहीं होती। परमात्मा धन्य है, जिसकी वाणी से ब्रह्मांडों की उत्पत्ति हुई है। उसकी सत्ता की शोभा का वर्णन करने के लिए मन में बार-बार इच्छा जाग्रत होती है।

वह कौन-सी बेला थी, कौन-सा समय था,

कौन-सी तिथि थी, कौन-सा वार था, कौन-सी ऋतु थी, कौन-सा महीना था, जब इस सृष्टि की रचना हुई थी।

पंडितों की सृष्टि-रचना का समय ज्ञात नहीं है। यदि उन्हें ज्ञात होता तो वे पुराणों में अवश्य लिखते। क़ाज़ियों को भी उस वक्त का पता नहीं है। पता होता तो वे कुरान में जरूर लिख देते।

सृष्टि-रचना की तिथि और वार योगी भी नहीं जानते। कोई भी इस सृष्टि की रचना की ऋतु अथवा महीना नहीं जानता। तेरे अतिरिक्त किसी को पता हो भी नहीं सकता, क्योंकि जो कर्त्ता सृष्टि को साजता है, वही सब जानता है।

हे परमात्मा! मैं तुझे किस प्रकार संबोधित करूँ? किस प्रकार तेरी स्तुति करूँ? किस प्रकार वर्णन करूँ और तुझे जानूँ?

नानकदेव कहते हैं कि एक से एक चतुर व्यक्ति तेरा वर्णन करते हैं कि वह साहब महान् है, उसका नाम भी महान है। उसी का किया हुआ सब कुछ है।

गुरु नानकदेव कहते हैं कि जो कोई परमात्मा को छोड़कर स्वयं को कुछ जानता है, वह आगे परलोक में जाकर शोभा नहीं पाता।

नानक बड़ा आखीऐ

पाताला पाताल लख
आगासा आगास।

ओड़क ओड़क भालि थके
वेद कहनि इक बात।

सहस अठारह कहनि कलेबा
असुलू इकु धातु।

लेखा होई त लिखीऐ
लेखे होई विणासु।

नानक बड़ा आखीऐ
आपे जाणै आपु।

सृष्टि में लाखों पाताल हैं, लाखों आकाश हैं।

उसके अंत की (सीमा की) खोज करते-करते अनेक थक गए परंतु किसी को अंत नहीं मिला। वेद यही बात कहते हैं।

कतेबों-इंजील, कुरान, तुरेत का कथन है कि अठारह हजार आलम (सृष्टियाँ) हैं किंतु तत्त्वतः एक ही सत्ता है (जो सृष्टि का सृजन, पालन और संहार

कर रही है।)

यदि परमात्मा का लेखा हो तो लिखें; लेकिन सब लेखा-जोखा मिट जानेवाला है।

नानक कहते हैं कि वह अत्यंत महान् है और वह अपने को आप ही जानता है (अन्य कोई नहीं)।

एती सुरति न पाइया

सालाही सालाही एती
सुरति न पाइया।

नदिआ अते वाह पवहि
समंदि न जाणीअहि।

समुंद समुंद साह सुलतान
गिरहा सेती मालु धनु।

कीड़ी तुलि न होवनी
जे तिसु मनहु न वीसरहि।

स्तुति करने वाले उसकी स्तुति करते हैं किंतु उन्हें उसकी सुरति नहीं है।

नदी और नाले समुद्र में गिरते हैं किंतु उसको जान नहीं पाते [अभिप्राय यह है कि हम चौबीस घंटे परमात्मा में ही गिर रहे हैं। लेकिन हमें कोई होश नहीं है। बार-बार हम उसमें गिरते हैं। हर मृत्यु में हम उसी में गिरते हैं और हर जन्म में हम उसी से पैदा होते हैं किंतु सुरति नहीं है।]

समुद्र के समान बड़े-बड़े बादशाह और सुलतान, जिनके पास पहाड़ों के समान अपार धन-संपत्ति हो,

उस कीड़ी की बराबरी नहीं कर सकते, जिसे तू निरंतर याद रखता है [तात्पर्य यह है कि सुरति के मिलते ही दरिद्र-से-दरिद्र व्यक्ति महान सम्राट् हो जाता है और महान्-से-महान् सम्राट् सुरति के बिना दीन और दरिद्र बना रहता है।] और मन से विस्मृत नहीं करता।

अंतु न सिफती कहणि न अंतु

अंतु न सिफती कहणि न अंतु

अंतु न करणे देणि न अंतु।
अंतु न वेखणि सुणणि न अंतु
अंतु न जापै किआ मनि मंतु।
अंतु न जापै कीता आकारु
अंतु न जापै पारावारु।

अंत कारणि केते बिललाहि
ताके अंत न पाए जाहि।
एहु अंत न जाणै कोई
बहुता कहिये बहुता होई।

बड़ा साहिब ऊचा थाऊ
ऊचे उपरि ऊचा नाउ।
एवडु ऊचा होवे कोइ
तिसु ऊचे कउ जाणै सोइ।

जवड आपि जाणै आपि आंपि
नानक नदरी करमी दाति।

परमात्मा के गुणों का अंत नहीं है और न उसके गुणों का कथन करने वालों का अंत है।

उसके कामों का अंत नहीं, उसके दान का भी अंत नहीं। न उसके दर्शन का अंत है और न उसके श्रवण का ही अंत है। उसके मन के रहस्यों का भी अंत नहीं जाना जा सकता।

उसके द्वारा किए हुए सृष्टि-प्रसार का कोई अंत नहीं। उसके ओर-छोर को भी नहीं जाना जा सकता। उसका अंत जानने के लिए कितने चिल्लाते हैं तो भी उसका अंत नहीं पाया जा सकता। कोई भी उसका अंत नहीं जानता है।

कोई भी उसका अंत नहीं जानता। जितना अधिक हम उसका कथन करते जाएँ, उतना ही अधिक वह बढ़ता जाता है।

साहब (स्वामी) महान् हैं। उसका स्थान बहुत ऊँचा है। स्थान से ऊँचा उसका नाम है।

यदि कोई उतना ऊँचा हो तभी उस ऊँचे परमात्मा को जान सकता है। जितना बड़ा वह है, वह स्वयं अपनी महत्ता जान सकता है।

नानक कहते हैं कि परमात्मा की देन उसी के ऊपर होती है, जिसके ऊपर उसकी कृपा-दृष्टि होती है।

बहुता करमु लिखिआ ना जाइ

बहुता करमु लिखिआ ना जाइ
बड़ा दाता तिलु न तमाइ।
केते मंटहि जोध अपार
केतिआ गणत नहीं वीचारु।

केते खापि तुरहि बेकार
केते लै लै मुकरु पाहि
केते मूरख खाहि खाहि।
केतिया दूख भूख सद मार
एहि भी दाति तेरी दातार।

बंदि खलासी भाणै होइ
होरु आखि सकै न कोइ
जे को खाइकु आखणि पाइ
ओहु जाणै जेतीआ मुहि खाइ।

आपे जाणै आपे देइ
आखहि सि भि केइ केइ।
जिसनो बखसे सिफति सालाहु
नानक पातिसाही पातिसाहु।

उस प्रभु की महान् कृपा का वर्णन नहीं हो सकता। वह दाता इतना महान है कि उसमें बदले में पाने का तिल-मात्र भी लालच नहीं है। कितने ही बड़े योद्धा हों, उससे माँगते ही रहते हैं। माँगने वालों की गिनती का विचार भी नहीं किया जा सकता। कितने ही विकारों में वे खपकर नष्ट हो जाते हैं।

कितने ही व्यक्ति ऐसे हैं जो परमात्मा से ले-लेकर मुकर जाते हैं। कितने ही मूर्ख इस प्रकार के हैं जो परमात्मा से पा-पाकर खाते ही चले जाते हैं। कितने ही ऐसे हैं, जिन पर सदैव दुःख और भूख की मार पड़ती रहती है (फिर भी जिन्हें तेरा स्मरण नहीं आता)। हे दाता, ये भी तेरे ही दान हैं अर्थात् व्यक्ति दुःख-सुख तेरी ही आज्ञा से प्राप्त करता है।

बंधन और मोक्ष तेरी ही आज्ञा से होते हैं। कोई दूसरा इसमें कुछ भी कर नहीं सकता। यदि कोई गप्पी (खाइकु) इसमें कुछ कहने जाता है तो उसे अपनी मूर्खता का पता तब चलता है, जब उसके मुँह पर मार पड़ती है।

वह परमात्मा स्वयं जानता है और स्वयं देता है। उसका वर्णन भी कोई विरला कर सकता है। वह जिसे भी चाहे अपने गुणकथन की शक्ति प्रदान कर सकता है। गुरु नानकदेव कहते हैं कि वह परमात्मा बादशाहों का बादशाह है।

अमुल गुण अमुल वापार

अमुल गुण अमुल वापार।
अमुल वापारीए अमुल भंडार।
अमुल आवहि अमुल ले जाहि।
अमुल भाइ अमुला समाहि।

अमुल धरमु अमुलु दीवाणु।
अमुलु तुलु अमुलु परवाणु।
अमुलु बखसीस अमुलु नीसाणु।
अमलु करमु अमुलु फुरमरण।

अमुलो अमुलु आखिआ न जाइ।
आखि आखि रहे लिवलाइ।

आखहि वेद पाठ पुराण।
आखहि पड़े करहि वखियाण।
आखहि बरमें आखहि इंद।
आखहि गोपी ते गोबिन्द।
आखहि ईसर आखहि सिध।
आखहि केते कीते बुध।

आखहि दानव आखहि देव।
आखहि सुरि नर मुनि जन सेव।
केते आखहि आखणि पाहि।
केते कहि-कहि उठि-उठि जाहि।

एतै कीते होरि करेहि।
ता आखि न सकहि केई केइ।
जेवड़ भावै तेवड होइ।
'नानक' जाणै साचा सोइ।

जे को आखै बोल विगाड़ु।
ता लिखिए सिरि गवारा गावारु।

उस परमात्मा के गुण अमूल्य हैं। उसके व्यापार भी अमूल्य हैं। उसके व्यापारी भी अमूल्य हैं। उसके भंडार भी अमूल्य हैं। जो लेने आता है वह भी अमूल्य है। उसका भाव भी अमूल्य है। उसकी समाधि अमूल्य है।

उसका धर्म अमूल्य है। उसका दरबार अमूल्य है। उसकी तुला अमूल्य है। उसका स्वभाव अमूल्य है। उसका वरदान अमूल्य है। उसका प्रतीक अमूल्य है। उसकी कृपा अमूल्य है और उसकी आज्ञा अमूल्य है।

वह अमूल्य से भी कितना अमूल्य है, इसका वर्णन नहीं हो सकता। उसका वर्णन करते-करते ही कितने लोग ध्यानस्थ होने लगते हैं।

वेद उसका वर्णन करते हैं। पुराण उसका पाठ करते हैं।

विद्वान् उसका वर्णन करते हैं। इंद्र और ब्रह्मा उसका वर्णन करते हैं। गोपी और गोविंद उसका वर्णन करते हैं। विष्णु और सिद्ध उसका वर्णन करते हैं। अनेक-अनेक बुद्ध उसका वर्णन करते हैं।

दानव और देव भी उसका वर्णन करते हैं। सुर, नर और मुनिजन तथा सेवकजन उसका वर्णन करते हैं।

कितने तो वर्णन कर पाते हैं और कितने वर्णन करते-करते ही विदा हो जाते हैं।

उसने जो किया है वह उसे और भी करेगा। उसका हिसाब कोई भी नहीं लगा सकता है। वह जैसा चाहता है, वैसा ही हो जाता है। नानकदेव कहते हैं कि इस बात को जो जान ले वह सत्य है। [इस वचन के दो अर्थ हो सकते हैं कि इस बात को जो जान ले वह स्वयं सत्य हो गया अथवा वही सच है जो इस बात को जान ले। एक दूसरा अर्थ यह भी है कि वह सत्य पुरुष ही अपने को जानता है।]

परंतु यदि कोई उसका वर्णन करने का दंभ भरे तो वह गँवारों का भी गँवार हो गया। (अर्थात् ज्ञानी वही है, जो जानता है कि उसका वर्णन नहीं हो सकता।)

सो दरु केहा सो घरु केहा

सो दरु केहा सो घरु केहा जितु बहि सरब समाले।
बाजे नाद अनेक असंखा केते वावणहारे।
केते राग परी सिउ कहीअनि केते गावणहारे।

गावहि तुहनो पउणु पाणी वैसंतरु गावे राजा धरम दुआरे।
गावहि चिगुपतु लिखि जाणहि लिखि-लिखि धरमु वीचारे।

गावहि ईसरु बरमा देवी सोहनि सदा सवारे।
गावहि इंद इंदासणि बैठे देवतिया दरि नाले।

गावसि सिध समाधी अंदरि गावनि साध विचारे।
गावनि जती सती संतोखी गावहि वीर करारे।

गावनि पंडित पड़नि रखीसर जुगु-जुगु वेदा नाले।
गावनि मोहणी आ मनु मोहनि सुरगा मछ पइआले।

गावनि रतनि उपाए [illegible] अठसठि तीरथ नाले।
गावनि जोध महाबल सूरा गावहि खाणी चारे।

गावहि खंड मंडल वरमंडा करि–करि रखे धारे।
सेई तुधनो गावनि जो तुधु भावनि रते तेरे भगत रसाले।
हांरि केते गावनि से मैं चिति न आवनि नानकु किया विचारे।

सोई–सोई सदा सचु साहिबु साचा साची नाई।
है भी होसी जाई न जासी रचना जिनि रचाई।

रंगी रंगीभाति करि–करि जिनसी माइआ जिनि उपाई।
करि–करि वेखे कीता आपणा जिव तिस दी वडिआई।

जो तिसु भावै सोई करसी हुकमु न करणा जाई।
सो पातिसाहु साहा पातिसाहिबु नानक रहणु रजाई।

हे परमात्मा! तेरा वह द्वार कहाँ है और तेरा घर कहाँ है, जहाँ बैठकर तू सबकी सम्हाल कर रहा है?

तेरे द्वार पर अनेक नाद बज रहे हैं और असंख्य बजाने वाले हैं। असंख्य गायक हैं, असंख्य राग–रागनियाँ हैं।

हे प्रभु! पवन, पानी और अग्नि सभी तेरा यश गा रहे हैं। धर्मराज भी तेरे द्वार पर बैठा गुणगान कर रहा है। चित्रगुप्त जो सभी के पाप–पुण्य का लेखा रखते हैं और उनके धर्म के अनुसार विचार करते हैं, वे भी तेरा गुणगान कर रहे हैं।

शिव, ब्रह्मा, देवी जो तेरे द्वारा सुंदर रूप में बनाए गए हैं, वे भी तेरे यश का गायन कर रहे हैं। देवताओं के साथ इंद्रासन पर बैठे इंद्र भी तेरे द्वार पर बैठकर तेरा गुणगान कर रहे हैं।

सिद्धगण समाधि लगाकर तुझे ही गा रहे हैं। साधुपुरुष भी ध्यान में तेरा ही गुण गा रहे हैं। यती, सत्त्वगुणी, संतोषी, महान् शूरवीर तेरे ही यश का वर्णन कर रहे हैं।

युग-युगांतरों से पंडित और ऋषिवर वेदों के अध्ययन द्वारा तेरी ही महानता का वर्णन करते आए हैं। स्वर्ग में मनमोहिनी अप्सराएँ तथा पाताल में मछलियाँ भी तेरे ही गीत गाती हैं।

तेरे द्वारा उत्पन्न किए हुए चौदह रत्न भी तेरा गीत गाते हैं। साथ ही अड़सठ तीर्थ भी तेरा गुणगान करते हैं। योद्धा, महाबली, शूरवीर तेरा गुण गा रहे हैं। चार योनियों के जीवन तेरा यश गाते हैं।

हे परमात्मा! जिन खंड, मंडल, ब्रह्मांड आदि की रचना करके उन्हें अपने-अपने स्थान पर धारण कर रखा है, वे भी तेरे गीत गा रहे हैं। जो तुझे भले प्रतीत होते हैं और तुझमें अनुरक्त हैं, ऐसे रसिक भक्त तेरी यशगाथा गा रहे हैं।

गुरु नानकदेव कहते हैं कि कितने ही अन्य लोग तेरा यशगान कर रहे हैं, वे सब मेरे अनुमान में नहीं आ सकते।

मैं क्या विचार करूँ? वही और वही सच्चा साहब है। वही सत्य है, वही सत्यनाम है। वह है और सदा रहेगा। वह न जाता है, न जाएगा। उसने ही यह सारी रचना रची है।

उसने अनेक रंग, भाव और प्रकार की माया की वस्तुएँ उत्पन्न की हैं। वह बना-बनाकर अपनी कृति को देखता है और उसकी महत्ता देख-देखकर प्रसन्न हो रहा है।

जो कुछ उसे भला लगता है, वह उसी को करता है। उसकी आज्ञा का उल्लंघन कोई नहीं कर सकता। वह बादशाहों का बादशाह है। गुरु नानकदेव कहते हैं कि उसकी मरजी के भीतर ही रहना चाहिए।

मुंदा संतोखु सरमु पतु झोली

मुंदा संतोखु सरमु पतु झोली
धिआन कीकरहि बिभूति।

खिंथा कालु कुआरी काइआ
जुगति डंडा परतीति।

आई पंथी सगल जमाती
मनि जीतै जगु जीतु।
आदेसं तिसे आदेसु

आदि अनीलु अनादि
अनाहति जुगु एको वेसु।

हे योगी, संतोष और लज्जा की मुद्रा बनाओ। प्रतिष्ठा की झोली धारण करो और ध्यान की विभूति लगाओ।

काल के वशीभूत हो जाने वाले शरीर को ही कंथा बनाकर धारण करो। इसे कुमारी के समान पवित्र रखो। विश्वास को मुक्ति का डंडा बनाओ।

सारी जमात को एक समझना ही नाथ-पंथ है। मन को जीतना ही जगत् का जीतना है। यदि प्रणाम (आदेस) ही करना हो तो उसको ही प्रणाम करो।

वह आदि है, शुद्ध है, अनादि है, अनाहत है और युग-युग से एक ही वेशवाला है।

भुगति गिआनु दइआ भंडारणि

भुगति गिआनु दइआ भंडारणि।
घटि घटि बाजहि नाद।

आपि नाथु नाथी सभ जा की
रिधि सिधि अवरा साद।

संजोगु विजोगु दुइ कार चलावहि
लेखे आवहि भाग।

आदेसु तिसे आदेसु।
आदि अनीलु अनादि अनाहति
जुगु जुगु एको वेसु।

गुरु नानकदेव कहते हैं कि ब्रह्मज्ञान को ही भोग बनाओ। दया ही भंडारी हो। यदि नाद ही सुनना हो तो घर-घर के भीतर जो अनाहत नाद हो रहा है, उसी को सुनो।

परमात्मा को ही नाथ समझो, उसी ने समस्त संसार को वश में कर रखा है। ऋद्धियाँ-सिद्धियाँ तो अन्य स्वाद हैं–सांसारिक स्वाद हैं।

संयोग और वियोग ये दोनों सृष्टि का समस्त कार्य चलाते हैं और अपने-अपने भाग्य के अनुसार इनकी प्राप्ति होती है।

नानक कहते हैं कि यदि प्रणाम (आदेश) ही करना हो तो उसी परमात्मा को कर। वह परमात्मा ही आदि है, वर्णरहित है, अनादि है, अनाहत है तथा युग-युगांतरों से एक ही वेशवाला है।

एका माइ जुगति विआई

एका माई जुगति विआई
तिनि चेले परवाणु।
इकु संसारी इकु भंडारी
इकु लाइ दीवाणु।

जिव तिसु भावे तिवे चलावे
जिव होवे फुरमाणु
ओहु वेखै ओना नदरि न आवे।

बहुता एहु विडाणु
आदेसु तिसै आदेसु।
आदि अनीलु अनादि अनाहति
जुगु जुगु एको वेसु।

एक माया ने मुक्ति से तीन प्रामाणिक पुत्रों (चेलों) को उत्पन्न किया। उनमें एक तो संसार का निर्माता अर्थात् ब्रह्मा है, एक भंडारी अर्थात् विष्णु है और एक दीवान लगाने वाला (प्रलय करने वाला) महेश है।

वह परमात्मा इन सबको (माया और उसके तीनों पुत्रों को) अपने आदेश तथा अपनी इच्छा के अनुसार चलाता है।

वह परमात्मा तो उन्हें देखता रहता है परंतु उनकी दृष्टि में वह नहीं आता, यह बहुत ही आश्चर्यजनक बात है।

गुरु नानकदेव कहते हैं कि उसी परमात्मा को प्रणाम करो। वह आदि है, वर्ण-रहित है, अनादि है तथा युगयुगांतरों से एक ही वेशवाला है।

जुग-जुग एको वेसु

आसणु लोइ लोइ भंडार।
जो किछु पाइआ सु एका वार।

करि करि वैखे सिरजनहार।
नानक सचे की साची कार।
आदेसु तिसै आदेसु।
आनि अनीलु अनादि अनाहति।
जुगु जुगु एको वेसु।

नानकदेव कहते हैं कि वह प्रभु प्रत्येक लोक में आसन लगाकर विराजमान है। प्रत्येक लोक में उसका भंडार है। उसने एक बार ही सदा के लिए पाने-योग्य सब कुछ उसमें रख दिया है।

वह सृष्टिकर्त्ता रचना करके उसे देखता रहता है। नानक कहते हैं कि सच्चे परमात्मा की सच्ची कारीगरी है। प्रणाम करना हो तो उसे ही प्रणाम करो। वह आदि, शुद्ध, अनादि, अनाहत है और युग-युग में एक ही वेशवाला है।

नानक नदरी पाईऐ

इकदू जीभौ लख होहि
लख होवहि लख बीस
लखु लखु गेड़ा अखिअहि
एक नाम जगदीस।
एतु राहि पति पवड़ीआ।
चड़ीए होइ इकीस
सुणि गला अकास की
कीटा आई रीस।
नानक नदरी पाईए
कूड़ी कूड़ै ठीस।

गुरु नानकदेव कहते हैं कि यदि जीभ से लाख जीभ हो जाएँ और लाख से भी बीस लाख हो जाएँ तो मैं प्रत्येक जीभ से लाख-लाख बार जगदीश का नाम जपूँगा।

स्वामी के नाम की यही सीढ़ियाँ हैं, जिन पर चलकर साधक इक्कीस हो जाता है अर्थात् भगवत्स्वरूप को प्राप्त करता है।

नाम द्वारा भक्तों की उस उच्च पद की प्राप्ति की बात सुनकर हम लोग जो कीट हैं, उन्हें भी स्पर्धा हो गई। नानक कहते हैं कि परमात्मा की प्राप्ति उसकी कृपादृष्टि (नदरी) से होती है। झूठे लोग तो झूठी डींगें हाँकते रहते हैं।

नानक उतमु नीचु न कोइ

आखणि जोरु चुपै नह जोरु
जोरु न मंगणि देणि न जोरु
जोरु न जीवणि मरणि नह जोरु
जोरु न राजि मालि मनि सोरु।
जोरु न सुरति गिआन वीचारि
जोरु न जुगती छुटै संसारु।
जिसु हथि जोरु करि वैखै सोइ
नानक उतमु नीचु न कोइ।

न बोलने में शक्ति है, न मौन में शक्ति है, न माँगने में शक्ति है, न दान में शक्ति है, न जीवन में शक्ति है और न मरण में शक्ति है। न राज्य-संपत्ति में, न मन में संकल्प-विकल्प में, न स्मृति में, न ज्ञान में, न विचार में, न संसार में संसार से छुटकारा पाने की शक्ति है। वास्तविक शक्ति तो उस परमात्मा के हाथ में है जो सृष्टि रचता है और उसे देखता रहता है।

नानकदेव कहते हैं कि उस परमात्मा की सृष्टि में न कोई ऊँच है और न कोई नीच। अर्थात् सबमें एक चेतन सत्ता समान रूप से विराजमान है।

रातो रुति थिति वार

रातो रुति थिति वार।
पवन पानी अगनी पाताल।
तिसु विचि धरती थापी रखी धरमसाल।

तिसु विचि जीअ जुगति के रंग।
तिनके नाम अनेक अनंत।

करमी करमी होइ वीचारु।
सचा आप सचा दरबारु।
तिथै सोहनि पंच परवाणु।

नदरी करमि पवे नीसाणु।
कच पकाई ओथे पाइ।
नानक गइआ जापै जाइ।

परमात्मा ने रात्रि, ऋतुओं, तिथियों, वार, पवन, जल, अग्नि, पाताल की रचना की। इन सबके बीच में पृथ्वी को धर्मशाला के रूप में स्थापित किया।

उस पृथ्वी पर अनेक जीवों के नियम, अनेक जातियों, प्रकारों, रंगों आदि का निर्माण किया। उन जीवों के अनंत नाम हैं।

यह जगत् प्रत्येक के कर्म के अनुसार चल

रहा है और परमात्मा प्रत्येक के कर्म के अनुसार विचार करता है अर्थात् फल देता है। उसके दरबार में पाँचों तत्त्वों के सूक्ष्म रूप सुशोभित हैं।

परमात्मा की कृपा और दया से उसका चिह्न (निशान) प्राप्त होता है। इस धर्म खंड में कच्चे लोग अग्नि द्वारा पकाए जाते हैं। गुरु नानकदेव कहते हैं कि वहाँ पहुँचने पर ही लोग देखे जाएँगे।

नानक अंत न अंत

धरम खंड का एहो धरम
गिआन खंड का आखहु करमु।

केते पवन पाणि वैसंतर केते कान महेस।
केते बरमे घाड़ति घड़िअहि रुपरंग के वेस।
केतीआ करम भूमी मेर केते केते धू उपदेस।

केते इंद चंद सूर केते-केते मंडल वेस।
केते सिध बुध नाथ केते केते देवी वेस।
केते देव दानव मुनि केते केते रतन समुंद।
केतीआ खाणी केती आ वाणी केतेपात नरिंद।
केतीआ सुरती सेवक केते नानक अंतु न अंतु।

इस प्रकार धर्मखंड का यह धर्म है। अब ज्ञानखंड की दशा का वर्णन किया जाता है।

ज्ञानखंड में कितने ही पवन, वरुण, अग्निदेव, कृष्ण, महेश हैं। कितने ही ब्रह्मा हैं, जो अनेक रचना रचते हैं तथा नाना रूप-रंग के वेश उत्पन्न करते हैं। इसमें अनगिनत कर्मभूमियाँ हैं, कितने ही सुमेरु पर्वत हैं, कितने ही ध्रुव हैं, जो ज्ञान का उपदेश देते हैं।

कितने ही इंद्र हैं, चंद्रमा हैं, सूर्य हैं। कितने ही मंडल और देश हैं। कितने ही सिद्ध, बुद्ध, नाथ, देव,

देवता, दानव, मुनि, रत्न तथा समुद्र स्थित हैं। कितनी ही योनियाँ, कितनी ही वाणियाँ, कितने ही बादशाह और राजा हैं। कितनी ही श्रुतियाँ हैं और कितने ही सेवक हैं।

नानकदेव कहते हैं कि इस प्रकार ज्ञानखंड की सृष्टि का अंत नहीं है, अंत नहीं है।

गिआन खंड महि गिआनु परचंड

गिआन खंड महि गिआनु परचंड।
तिथै नाद विनोद कोउ अनंदु।
सरम खंड की वाणी रूपु।
तिथै घाड़ति घड़ीऐ बहुतु अनूपु।
ता कीआ गला कथीआ ना जाहि।
जे को कहै पिछै पछुताइ।
तिथै घड़ीऐ सुरति मति मनि बुधि।
तिथे घड़ीऐ सुरा सिधी की सुधि।

ज्ञानखंड में ज्ञान की प्रचंडता रहती है। वहाँ नाद है, विनोद है, कौतुक है, आनंद है।

लज्जा खंड का साधन वाणी है। उसमें जो रचना होती है वह अत्यंत अनूप है। उसकी चर्चा शब्दों में नहीं की जा सकती। जो कोई व्यक्ति कथन करने का प्रयास करता है,- वह पीछे पछताता है। वहीं स्मृति, मति, मन एवं बुद्धि की रचना होती है। वहीं देवताओं एवं सिद्धों की स्मृति की भी रचना होती है।

करम खंड की वाणी जोरु

करम खंड की वाणी जोरु।
तिथै होरु न कोई होरु।
तिथै जोध महाबल सूर।
तिन महि राम रहिआ भरपूर।
तिथै सीतो सीता महिला माहि।
ताके रूप न कथने जाहि।

ना ओहि मरहि न ठागे जाहि।
जिनके रामु बसै मन माहि।
तिथै भगत वसहि के लोअ।
करहि अनंदु सचा मनि सोइ।

सच खंडि बसै निरंकारु।
करि करि वैखै नदरि निहाल।
तिथै खंड मंडल वरभंड।
जे को कथै त अंत न अंत।

तिथै लोअ लोअ आकार।
जिव जिव हुकमु तिवै तिव कार।
वैखे विगसै करि विचारु।
नानक कथना करड़ा सारु।

कृपा का जो खंड है, वहाँ की वाणी शक्ति है। इसको छोड़कर उसमें दूसरा कुछ भी नहीं है। उसमें महाबली शूरवीर हैं, जिनमें राम ही भरपूर समाया हुआ है। वहाँ उसकी महिमा में सीता ही सीता है। उसके स्वरूप का वर्णन नहीं किया जा सकता।

जिसके मन में राम बसते हैं, न वे मरते हैं और न ठगे जाते हैं। वहाँ अनेक लोकों के भक्त निवास करते हैं। सच्चे नाम को मन में बसाए हुए वे आनंद मनाते हैं।

सत्य खंड में निराकार परमात्मा का निवास है। वह अपनी कृपा-दृष्टि से भक्तों को देखता रहता है और उन्हें निहाल करता है। सत्य खंड में अनंत खंड, मंडल और ब्रह्मांड है। उन खंडों, मंडलों और ब्रह्मांडों का कोई भी अंत नहीं है। ऐसा कोई नहीं है, जो उनके अंत का कथन कर सके।

वहाँ लोक के बाद लोक हैं। सृष्टि के बाद सृष्टियाँ हैं। उसका जो हुक्म है उसी के अनुसार सारा काम चलता है। उसका विचार कर वह देखता है और प्रसन्न होता है।

नानक कहते हैं कि उसका वर्णन करना लोहे के चने चबाने जैसा है।

जतु पहारा धीरज सुनियारु

जतु पहारा धीरज सुनियारु।
अहरणि मति वेदु हथीआरु।
भउ खला अगनि तपताउ।
भांडा भाउ अंमृतु तितु ढालि।

घड़ीए सबदु सची टकसालु।
जिन कउ नदरि करमु तिन कार।
नानक नदरी नदरि निहाल।

हे साधक, संयम तथा इंद्रिय-दमन भट्टी है और धैर्य सोनार है। बुद्धि निहाई है और गुरु द्वारा प्राप्त ज्ञान (वेद) हथौड़ी है। परमात्मा का भय ही धौंकनी है और तपस्या ही अग्नि है। प्रेम ही पात्र है, भगवान् का नाम ही गलाया हुआ सोना है।

इस प्रकार सच्ची टकसाल अर्थात् शुद्ध आत्मा में गुरु के शब्द (सिक्के) ढालो। परंतु यह कर्म वे ही करते हैं, जिनके ऊपर परमात्मा की कृपादृष्टि होती है।

नानकदेव कहते हैं कि परमात्मा की एक कृपादृष्टि मात्र से साधक निहाल हो जाता है।

पवणु गुरु पाणी पिता

पवणु गुरु पाणी पिता।
माता धरति महतु।
दिवस राति दुइ दाई दाइआ।
खेले सगलु जगतु।
चंगिआइआ बुरिआइआ।
वाचै धरमु हदूरि।
करमी आपा आपणी।
के नेड़ें के दूरि।
जिनी नामु धिआइआ।
गए मसकति घालि।
नानक ते मुख उजले।
केती छूटी नालि।

पवन गुरु है, जल पिता है, महान् धरती माता है। दिन और रात दोनों ही दाई-दाया हैं। सारा संसार (बच्चे के समान) खेल खेल रहा है।

शुभ और अशुभ कर्म उसके दरबार में धर्म के द्वारा बाँचे जाते हैं। सबके अपने-अपने कर्म हैं, जिससे उसके कोई निकट है और कोई दूर है।

जिन्होंने उसके नाम का ध्यान किया और सच्चाई से श्रम किया उनके मुख उज्ज्वल होते हैं।

नानकदेव कहते हैं कि ऐसे व्यक्ति स्वयं तो मुक्त होते ही हैं, अपने प्रभाव से कितनों को ही मुक्त कर देते हैं।

आपि भुलाए किसु कहउ जाइ

आपि भुलाए किसु कहउ जाइ।
गुरु मेले बिरथा कहउ माइ।
अवगुण छोडउ गुण कमाइ।
गुर सबदी राता सचि समाइ।

सतिगुर मिलिऐ मति ऊतम होइ।
मनु निरमलु हउमै कढ़ै धोइ।
सदा मुकतु बंधि न सकै कोइ।
सदा नामु बखाणे अवरु न कोइ।

मनु हरि के भाणै जाइ।
सभ महि एको किछु कहणु न जाइ।
सभु हुकमो वरतै हुकमि समाइ।
दूख सूख सभी तिसु रजाइ।

तू अभुलु न भूलौ कदे नाही।
गुर सबदु सुणाऐ मति अगाहि।
तू मोटउ ठाकुरु सबद माही।
मनु नानक मानिआ सचु सलाहि।

जब प्रभु स्वयं ही मनुष्य को भ्रम में डालता है तो

किससे इस बात को कहूँ? हे माँ, गुरु के मिलने पर ही इस व्यथा को कहा जा सकता है। गुरु के कहने पर मैं अवगुणों का त्याग कर गुणों को कमाता हूँ। जो गुरु के शब्दों में अनुरक्त है, वह सत्य में मिल जाता है।

सद्गुरु के मिलने पर बुद्धि उत्तम हो जाती है। सद्गुरु मन से अहंकार को निकालकर धो देता है, जिससे मन निर्मल और पवित्र हो जाता है। अहंकार समाप्त हो जाने से जीव सदैव के लिए मुक्त हो जाता है, इसके बाद उसे कोई बाँध नहीं सकता। ऐसा व्यक्ति हमेशा प्रभु के नाम का ही वर्णन करता है, अन्य किसी वस्तु का नहीं।

जीवन्मुक्त व्यक्तियों का मन प्रभु की आज्ञा में आता-जाता है। सभी में एक ईश्वर का निवास है, कुछ कहते नहीं बनता। सभी कुछ प्रभु की आज्ञा से होता है और अंत में आज्ञा में ही समा जाता है। उसी हरि की इच्छा से सब दुःख-सुख होते हैं।

हे प्रभु, तू न भूलने वाला है और कभी नहीं भूलता। गुरु का शब्द सुनाने से साधकों की बुद्धि अगाध हो जाती है। हे स्वामी, तू बहुत बड़ा है और गुरु के शब्द में विद्यमान है। हे नानक, सत्य की स्तुति करके मन मान गया अर्थात् शांत हो गया।

गुर ते निरमलु जाणीऐ

गुर के निरमलु जाणीऐ निरमल देह सरीरु।
निरमलु साचो मनि बसै सो जाणै अभ पीर।
सहजै तै सुखु अगलो ना लागै जम तीरु।

भाई रे मैलु नाही निरमल जलि नाइ।
निरमलु साचा एकु तू होरु मैलु भरी सभ जाइ।

हरि का मंदरु सोहणा कीआ करणैहारि।
रवि ससि दीप अनूप जोति त्रिभवणि जोति अपार।
हटण पटण गड़ कोठड़ी सचु सउदा वापार।

गिआन अंजनु भैभंजना देखु निरंजन भाइ।
गुपतु प्रगटु सभ जाणीऐ जे मनु राखै ठाइ।
ऐसा सतिगुरु जे मिले ता सहजे लए मिलाइ।

सुख कउ मागै सभु को दुखु न मागै कोइ।
सुखै कउ दुखु अगला मनमुखि बूझ न होइ।
सुख दुख सम करि जाणी अहि सबदि भेदि सुख होइ।

गुरु की कृपा से ही निर्मल परमात्मा को जाना जाता है। वह परमात्मा निर्मल शरीर वाला है। गुरु की कृपा से

निर्मल और सच्चा परमात्मा मन में बस जाता है। सही हृदय की पीड़ा को जानता है। सहजावस्था से अत्यंत सुख मिलता है और यम का तीर नहीं लगता।

हे भाई, जो परमात्मा के नाम रूपी निर्मल जल में स्नान करता है, उसे किसी प्रकार का मैल नहीं लगता। हे परमात्मा, एक तू ही निर्मल और सच्चा है और सभी स्थल मैल से भरे हुए हैं।

कर्त्ता ने हरि का मंदिर अत्यधिक सुंदर बनाया है। उसमें सूर्य और चंद्रमा के दीपक की अनुपम ज्योति है। वह अपार ज्योति तीनों लोगों में फैली हुई है। दुकानों, नगरों, गढ़ों और कोठरियों में सच्चे सौदे का व्यापार चल रहा है।

ज्ञान का अंजन भय को नष्ट करने वाला है। उसे लगाकर निरंजन परमात्मा को भावपूर्वक देखो। यदि मन को स्थिर कर दिया जाए तो अदृश्य और दृश्य सभी वस्तुएँ समझी जा सकती हैं। यदि इस प्रकार का सद्गुरु प्राप्त हो जाए तो वह शिष्य को सहजावस्था में मिला देता है।

सभी सुख की ही याचना करते हैं, कोई भी दुःख नहीं माँगता। किंतु सुख की आशा रखने वाले को महान् दुःख होता है, मनसुख को यह समझ नहीं होती। गुरु के शब्द को भेदकर जो सुख-दुःख को समान रूप से जानते हैं, उन्हें अलौकिक सुख प्राप्त होता है।

घटि घटि रवि रहिआ बनवारी

घटि-घटि रवि रहिआ बनवारी
जलि-थलि महीअलि गुपतो वरतै।
गुरसबदी देखि निहारी जीउ।

मरत पइआल अकासु दिखाइओ
गुरि सतिगुरि किरपा धारी जीउ।
सो बहमु अजोनी है भी होनी।
घट भीतरि देखु मुरारी जीउ।

जनम-मरन कउ इहु बपुड़ो।
इनि दूजै भगति विसारी जीउ।
सतिगुरु मिले त गुरमति पाईऐ।
साकत बाजी हारी जीउ।

सतिगुरि बंधन तोड़ि निरारे।
बहुड़ि न गरभ मझारी जीउ।
नानक गिआन रतनु परगासिआ।
हरि मनि वसिआ निरंकारी जीउ।

बनवारी घट-घट में रम रहा है। वही जल में, थल में और पृथ्वी-आकाश के मध्य में गुप्त रूप से विराजमान

है। गुरु के शब्द द्वारा देखकर मैंने उस प्रभु का दर्शन किया है।

सदगुरु ने कृपा करके मृत्युलोक, पाताललोक तथा आकाश में व्याप्त हरि का दर्शन करा दिया। वह अजन्मा ब्रह्म वर्तमान में है, भूतकाल में था और भविष्य में रहेगा। उस मुरारी को अपने घट में देख लो।

यह संसार तो जन्मने-मरने के लिए ही बना है; द्वैतभाव में पड़कर इसने भक्ति को भुला दिया है। यदि सदगुरु से मिला जाए तभी गुरु की वास्तविक बुद्धि प्राप्त होती है, शक्ति अथवा माया का उपासक तो द्वैतभाव में होने के कारण जीवन की बाजी हार जाता है।

सद्गुरु बंधनों को तोड़कर स्वतंत्र कर देता है, जिससे फिर माता के गर्भ में नहीं आना पड़ता। हे नानक, गुरु द्वारा प्रदत्त ज्ञान-रूप रत्न प्रकाशित हो गया है और निरंकारी हरि मन में बस गया है।

चंचलु चीतु न पावै पारा

चंचलु चीतु न पावै पारा।
आवत जात न लागै बारा।
दूखु घणो मरीऐ करतारा।
बिनु प्रीतम को करै न सारा।

सभ ऊतम किसु आखउ हीना।
हरि भगती सचि नामि पतीना।
अउखध करि थाकी बहुतेरे।
किउ दुखु चूके बिनु गुर मेरे।
बिनु हरि भगती दूख घणेरे।
दुखसुख दाते ठाकुर मेरे।

रोग बड़ो किउ बाँधउ धीरा।
रोग बुझै सो काटै पीरा।
मैं अवगुण मन माहि सरीरा।
ढूँढत खोजत गुरि मेले बीरा।

चित्त चंचल है, संसार में ही भटकता रहता है, उसका पार नहीं पाता। चंचल चित्त के कारण, मनुष्य को संसार-चक्र में आते-जाते देर नहीं लगती। हे कर्त्तार, अत्यधिक दुःख के कारण, माया से ग्रस्त प्राणी निरंतर मरता रहता है।

बिना प्रियतम के उसकी कोई भी ख़बर नहीं लेता।

इस जगत् में हर कोई उत्तम है; मैं किसे हीन कहूँ? हरि-भक्ति और हरि के सच्चे नाम से प्राणी तृप्त हो जाता है।

मैं बहुत-सी औषधियों को करके थक गया, गुरु के बिना मेरे दु:ख किस प्रकार समाप्त हों? हरि भक्ति के बिना दु:ख बढ़ते ही जाते हैं। हे मेरे दाता, मेरे ठाकुर, सभी सुख-दु:ख तेरे ही तो हैं।

इस संसार में बड़े-बड़े रोग हैं। मैं किस प्रकार धैर्य धारण करूँ? जो गुरु रोगों को जानता है, वही मेरी व्यथा दूर कर सकता है। मेरे मन और शरीर में अवगुण ही अवगुण भरे हैं। हे भाई, खोज करते-करते गुरु से मेरा मिलन हो गया।

जागहु जागहु सूतिहो

जागहु जागहु सूतिहो चलिआ वणजारा।

नीत नीत घर बाँधिअहि जे रहणा होई।
पिंड पवै जीउ चलसी जे जाणै कोई।

ओही ओही किआ करहु है होसी सोई।
तुम रोवहुगो ओस नो तुम्ह कउ कउ कउणु रोई।

धंधा पिटिहु भाई हो तुमम्ह कूड़ू कमावहु।
ओहु न सुणही कतही तुम्ह लोक सुणावहु।

जिस ते सुता नानका जागाए सोई।
जे घरु बूझै आपणा तां नीद न होई।

जे चलदा ले चलिआ किछु संपै नाले।
ता धनु संचहु देखि के बूझहु बीचारे।

ऐ सोने वाले जागो, जागो; बंजारा चला गया है।

यदि इस संसार में सदैव रहना हो, तभी तो नित्य रहने वाले घर का निर्माण किया जाए। यदि कोई विवेकी हो तभी यह बात समझेगा कि एक दिन शरीर ढह जाएगा

और आत्मा चली जाएगी।

अरे मनुष्य, हाय-हाय क्यों कर रहे हो? परमात्मा ही वर्तमान में है और भविष्य में रहेगा, उसी के करने पर सब कुछ होता है। तुम तो मृत प्राणी के लिए रो रहे हो, किंतु भला यह तो बताओ कि तुम्हारे लिए कौन रोएगा?

हे भाई, तुम झूठ में प्रवृत्त होकर, व्यर्थ ही सिर पीटकर कष्ट पा रहे हो। मृत व्यक्ति तुम्हारे रोने-धोने को किसी भी प्रकार नहीं सुन सकता। तुम यह सब रोना-चिल्लाना संसार को सुना रहे हो।

नानक कहते हैं कि जिस परमात्मा के द्वारा वह अज्ञान में सुलाया गया है, वही उसे ज्ञान में जगा सकता है। जो मनुष्य अपने वास्तविक घर को पहचान लेता है, उसे फिर मोह-निद्रा नहीं आती है।

जुड़ि-जुड़ि विछुड़े

जुड़ि-जुड़ि विछुड़े विछुड़ि जुड़े।
जीवि-जीवि मुए-मुए जीवे।

केतिआ के बाप केतिआ के बेटे केते गुर चेले हुए।
आगै पाछै गणत न आवै किआ जाती किआ हूणि हुए।

सभु करणा किरतु करि लिखीऐ करि करि करता करे करे।
मनमुखि मरीऐ गुरमुखि तरीऐ नानक नदरी नदरि करे।

जीव जुड़-जुड़ कर बिछुड़ते हैं और बिछुड़-बिछुड़ कर जुड़ते हैं। वे जी-जी कर मरते हैं और मर-मर कर फिर जीते हैं।

न मालूम कितने लोग कितनों के पिता हुए हैं और कितनों के बेटे; कितनों के गुरु हैं कितनों के चेले। आगे आगे-पीछे की गणना संभव नहीं कि जीव किन-किन जातियों में पड़ चुका है और अब उसे किन-किन वर्णों में जन्म लेना है।

मनुष्य के सभी कर्म पूर्व में किए हुए कर्मों के लिखे अनुसार होते हैं। कर्त्ता पुरुष ही सब कुछ कर-करके करता है।

नानकदेव कहते हैं कि मनसुख तो संसार के आवागमन के चक्र में मरता रहता है, किंतु गुरु मुख संसार-सागर से तर जाता है, कृपालु परमात्मा ही जीवों पर कृपा दृष्टि करता है।

तीरथ नावणु जाउ

तीरथि नावणु जाउ तीरथ नामु है।
तीरथु सबद बीचारु अंतरि गिआनु है।

गुर गिआनु साचा थानु तीरथु, दस पुरब सदा दसाहरा।
हउ नामु हरि का सदा, जाचउ देहु प्रभ धरणीधरा।
संसारु रोगी नामु दारू, मैलु लागै सच बिना।
गिरुवाकु निरमलु सदा चानणु, नित साचु तीरथु मजना।

मैं तीर्थ में स्नान करने जाता हूँ। हरि का नाम भी वास्तविक तीर्थ है। नाम का विचार करना तथा मन में हरि का ज्ञान होना वास्तविक तीर्थ है।

गुरु का दिया हुआ सच्चा ज्ञान वास्तविक तीर्थस्थान है। यही दस पर्व है और यही दस पापों को हरनेवाला दशहरापर्व है। (दशहरा–ज्येष्ठ सुदी दशमी; यह गंगा की जन्मतिथि है, जो दस प्रकार के पापों को हरने वाली है।)

मैं सदैव प्रभु के नाम की प्रार्थना करता हूँ; हे धरणीधर प्रभु, उस नाम की भिक्षा मुझे दीजिए।

सारा संसार अज्ञानग्रस्त रोगी है, उन रोगियों की आषधि नाम है; सत्यस्वरूप परमात्मा को हृदय में धारण किए बिना मन में निरंतर मैल जमती रहती है।

गुरु का पवित्र वाक्य शाश्वत ज्ञान का प्रकाश है; वही निरंतर और सच्चे तीर्थ का स्नान है।

तेरा नाम रतनु

तेरा नामु रतनु करमु चानणु सुरति तिथै लोइ।
अंधेरु अंधी वापरै सगल लीजै खोइ।

इहु संसारु सगल बिकारु।
तेरा नामु दारु अवरु नासति करणहारु अपारु।

पाताल पुरीआ एक भार होवहि लाख करोड़ि।
तेरे लाल कीमति ता पवै जां सिरै होवहि होरि।

दूखा ते सुख ऊपजहि सूखी होवहि दूख।
जितु मुखि तू सालाहीअहि तितु मुखि कैसी भूख।

नानक मूरखु एकु तू अवरु भला संसारु।
जितु तनि नामु न ऊपजै से तन होहि खुआर।

हे हरि, तेरा नाम रत्न और बख्शिश है। जिस मनुष्य की स्मृति में नाम है, वहाँ प्रकाश ही प्रकाश है। अविवेकमयी सृष्टि में अज्ञानरूपी अंधकार होता रहता है, जिससे मनुष्य सब कुछ खो देते हैं।

यह सारा संसार विकार-मात्र है। हे हरि, तेरा नाम ही इस संसार- बंधन से छूटने की दवा है। नाम को छोड़कर और कुछ भी नहीं है। हे कर्त्तापुरुष, तू अपार है।

पाताल और सभी पुरियाँ, तराजू के एक पलड़े पर भार बनाकर रखी जाएँ, ऐसे ही लाखों, करोड़ों के और भार हों, किंतु ये सब तेरे नाम की समता नहीं कर सकते। यदि तराजू के पलड़े पर कुछ और वस्तुओं को रखा गया हो अर्थात् तेरे गुण रखे गए हों, तब हे प्रियतम, तेरा मूल्य पाया जा सकता है।

दु:खों से सुख की उत्पत्ति होती है और सुखों से दु:ख उत्पन्न होते हैं। जिस मुख से तेरी प्रशंसा की जाती है, भला उस मुख में क्षुधा कैसे हो सकती है? अभिप्राय यह है कि तेरी प्रशंसा करने वाले को किसी वस्तु की आवश्यकता और अपेक्षा नहीं रह जाती।

हे नानक, तू ही अकेला मूर्ख है, और सारा संसार अच्छा है। जिन शरीरों से नाम नहीं लिया जाता, वे शरीर नष्ट हो जाते हैं।

दुख विधि जंमणु

दुख विधि जंमणु दुखि मरणु दुखि वरतणु संसारि।
दुखु दुखु अगै आखीऐ पढ़ि पढ़ि करहि पुकारि।

दुख कीआ पंडा खुल्हीआ सुखु न निकलिआ कोइ।
दुखि विचि जीउ जलाइआ दुखीआ चलिआ रोइ।

नानक सिफती रतिआ मनु तनु हरिआ होइ।
दुख कीआ अगी मारीअहि भी दुखु दारु होइ।

नानक दुनीआ भसु रंगु भसू हू भसु खेह।
भसो भसु कमावणी भी भसु भरीऐ देह।

जा जीउ विचहु कढ़ीऐ भसू भरिआ जाइ।
अगै लेखै मंगिऐ होर दसूणी पाइ।

मानव दुःख में जन्मता और दुःख ही में मरता है और दुःख में ही संसार में व्यवहार करता है।

पढ़-पढ़ करके विद्वान् यही कहते हैं कि इस संसार के बाद भी दुःख है।

दुःख की गठरियों के खुलने पर भी किसी प्रकार का सुख नहीं निकलता। अभिप्राय यह है कि दुःखों के

बीच सुख की आशा रखना केवल भ्रम है।

इस संसार में जीव दुःखों में ही दग्ध किया गया और दुःखों में ही रोकर यहाँ से चला भी गया।

नानकदेव कहते हैं कि ईश्वर के स्मरण में रत होने से तन-मन हरे हो जाते हैं।

जीव दुःख की आग में मारा जाता है, परंतु औषधि भी दुःख ही है।

गुरु नानकदेव कहते हैं कि दुनिया भस्म के रंगवाली है। संसार की सभी वस्तुएँ भस्म हो जाने वाली हैं। सांसारिक कमाई भी भस्म ही है।

मनुष्य का शरीर भी भस्म से भरा हुआ है, क्योंकि यदि जीव निकल जाए तो शरीर में भस्म शेष रह जाती है। परमात्मा के यहाँ अपने कर्मों का हिसाब माँगने पर जीव को अपने पाप-कर्मों के कारण दस गुनी भस्म मिलती है।

किनि बिधि गति होई

कलि काते राजे कासाई धरमु पखु करि उडिआ।
कूड़ु अमावस सचु चंद्रमा दीसै नाही कह चडिआ।
हउ भालि विकुंनी होई।
आधेरै राहु न कोई।
वचि हउमै करि दुख रोई।
कहु नानक किनि बिधि गति होई।

कलियुग छुरी की तरह है, इस युग के राजे कसाई हैं, धर्म पंख लगाकर उड़ गया है। झूठ की अमावस्या छाई हुई है। इसमें सचाई का चंद्रमा कहीं दिखाई नहीं देता।

मैं उस चंद्रमा को खोज-खोजकर व्याकुल हो गई हूँ। अँधेरे में कोई मार्ग नहीं सूझता। जीवात्मा अहंकार के दुःख में रो रहा है।

गुरु नानकदेव कहते हैं कि इस दुःखपूर्ण स्थिति से किस प्रकार मुक्ति मिले?

गुरमुखि उतरसि पार

दीवा बलै अँधेरा जाइ।
बेद पाठ मति पापा खाइ।
उगवै सुरु न जापै चंदु।
जह गिआन प्रगासु अगिआनु मिटंतु।

बेद पाठ संसार की कार।
पढि-पढि पंडित करहि बिचार।
बिनु बूझे सभ होइ खुआर।
नानक गुरमुखि उतरसि पार।

दीपक के जलाने से अंधकार समाप्त हो जाता है। वेदों का पाठ करने से पापयुक्त बुद्धि नष्ट हो जाती है। सूर्य के उगने से चंद्रमा दिखाई नहीं देता। जहाँ ज्ञान का प्रकाश रहता है वहाँ अज्ञान का अंधकार स्वयं समाप्त हो जाता है।

किंतु अब वेद-पाठ सांसारिक व्यवहार मात्र बनकर रह गया है। पंडित लोग वेदों को पढ़कर तर्क-वितर्क तो करते हैं किंतु उन्हें समझते नहीं हैं। इसी कारण वे नष्ट हो जाते हैं।

गुरु नानकदेव कहते हैं कि जो गुरुमुख हैं, वही संसार-सागर से पार उतरते हैं।

नानक तुलीअहि तोल

नानक तुलीअहि तोल जे जीउ पिछै पाईऐ।
इकसु न पुजहि बोल जे पूरे पूरा करि मिलै।

वडा आखणु भारा तोलु होर हउली मती हउले बोल।
धरती पाणि परबत भारु किउ कडै तोले सुनिआरु।

तोला मासा रतक पाइ। नानक पुछिआ देइ पुजाइ।
मूरखु अंधिआ अंधी धातु। कहि कह कहणु कहाइनि आपु।

आखणि अउखा सुनणि अउखा आखि न जापी आखि।
इकि आखि आखहि सबदु भाखहि अरध उरध दिनु राति।

जे किहु होइ त किहु दिसै जापै रूपु न जाति।
सभि कारण करता करे घट अउघट घट थापि।

आखणि अउखा नानका आखि न जापै आखि।

नानकदेव कहते हैं कि परमात्मा को वही तोल सकता है, जो तराजू के एक पलड़े पर अपने आंतरिक प्रेम को रख दे। परमात्मा की स्तुति की तुलना में ऐसी कोई वस्तु नहीं रखी जा सकती, जिसने पूर्ण ब्रह्म को पूर्ण रूप से

अपने में मिला लिया हो।

स्तुति का तौल बहुत बड़ा है तथा सांसारिक बुद्धि एवं वचन उसकी तुलना में बहुत हलके हैं। परमात्मा की स्तुति की तोल धरती, जल तथा पर्वत के समान भारी है। भला स्वर्णकार रूपी कर्मकांडी की छोटी तराजू पर उसे किस प्रकार तोला जा सकता है?

समस्त कर्मकांड तोले-मासे के समान कम मूल्य के हैं; किंतु नानकदेव कहते हैं कि स्वर्णकार अर्थात् कर्मकांडी उन्हें बढ़ा-बढ़ाकर पूरा कर देता है, परंतु इससे होगा कुछ भी नहीं। सांसारिक माया से ग्रस्त प्राणी मूर्ख और अंधे हैं, उसकी दौड़ भी अंधी है; वे कह-कहकर स्वयं को प्रकट करते हैं।

परमात्मा का वर्णन कठिन है और उसका श्रवण भी कठिन है। केवल वर्णन से अनुभव नहीं होता। कुछ लोग दिन-रात यहाँ-वहाँ कथन करते हैं और वचन बोलते हैं।

परमात्मा का कोई स्वरूप हो तो वह दिखाई पड़े; उस प्रभु का कोई स्वरूप अथवा जाति नहीं दिखाई पड़ती। कर्त्तापुरुष ही सभी कारणों को करता है; सीधे और दुर्गम स्थानों की स्थापना भी स्वयं करता है।

नानकदेव कहते हैं कि परमात्मा के संबंध में कहना बहुत कठिन है, केवल कथन से अनुभव नहीं होता।

मत भूलहि रे मन

मत भूलहि रे मन चेति हरी।
बिनु गुर मुकति नाही त्रै लोई
गुरमुखि पाईऐ नामु हरी।

बिनु भगती नहीं सतिगुर पाईऐ
बिनु भागा नहीं भगति हरी।
बिनु भागा सतसंगु न पाईऐ
करमि मिलै हरिनामु हरी।

घटि-घटि गुपतु उपाए वैखै
परगटु गुरमुखि संत जना।
हरि-हरि करहि सु हरि रंगि भीने
हरि जलु अंमृत नामु मना।

जिन कउ तखति मिलै वडिआई
गुरमुखि से परधान कीए।
पारसु भेटि भए पारस
नानक हरि गुरि संगि थीए।

हे मन, भूल मत कर, हरी का स्मरण कर। बिना गुरु के तीनों लोकों में कहीं भी मुक्ति नहीं मिल सकती।

गुरु के उपदेश द्वारा ही प्रभु के नाम को प्राप्त किया जाता है।

बिन भक्ति के सद्‌गुरु की प्राप्ति नहीं होती और बिना भाग्य के हरि-भक्ति नहीं प्राप्त होती। बिना भाग्य के सत्संग भी प्राप्त नहीं होता। परमात्मा की कृपा से हरिनाम की प्राप्ति होती है।

परमात्मा सृष्टि को उत्पन्न करके, उसकी देखभाल करता है। वह घट-घट में रमता हुआ भी गुप्त है। वह गुरु द्वारा संतों के मध्य प्रकट होता है। जो व्यक्ति निरंतर प्रभु का नाम जपते हैं, वे उस परमात्मा के रंग में रँग जाते हैं; और उनके मन में परमात्मा के नाम रूपी अमृत-जल का वास होता है।

जिन्हें प्रभु की कृपा से सिंहासन पर बैठने का यश प्राप्त होता है, वे गुरु के द्वारा प्रधान बनाए जाते हैं। वे गुरु रूपी पारस का स्पर्श करके स्वयं भी पारस हो जाते हैं। नानकदेव कहते हैं कि वे लोग सदैव प्रभु रूपी गुरु के साथ में एक हो जाते हैं।

किउ छूटसि दुखु भारी

मन रे किउ छूटसि दुखु भारी।
किआ ले आवसि किआ ले जावसि
राम जपहु गुणकारी

ऊधउ कवलु मनसुख मति होछी
मनि अंधै सिरि धंधा।
कालु बिकालु सदा सिरि तेरै।
बिना नावै गलि फंधा।

डगरी चाल नेत्र फुनि अधुले
सबद सुरति नहीं भाई।
सासत्र बेद त्रै गुण है माइआ
अंधलउ धंधु कमाई।

खोइओ मूलु लाभु कह पावसि
दुरमति गिआन विहूणे।
सबदु बीचारि राम रसु चाखिआ
नानक साचि पतीणे।

हे मन, तू भला संसार के महान् दुःखों से किस प्रकार छूट सकेगा? तू क्या लेकर इस संसार में आया है और

क्या लेकर यहाँ से जाएगा? हे मन, तू राम के नाम का जप कर। यह अत्यंत गुणकारी है।

मनमुख का हृदय रूपी कमल उलटा है और उसकी बुद्धि ओछी है। मन अंधा होने के कारण, उसके सिर पर संसार के धंधे पड़े रहते हैं। जन्म और मरण सदा तेरे सिर पर बने रहते हैं। इस प्रकार हरि का नाम लिए बिना तेरे गले में सदैव फंदा पड़ा रहता है।

हे मनमुख, तेरी चाल डगमगाने वाली है और नेत्र अंधे हैं। हे भाई, तुझे नाम की याद नहीं है नाम को छोड़कर समस्त शास्त्र और वेद त्रिगुणात्मक हैं। अंधा व्यक्ति त्रिगुणात्मक माया में ही धंधा कमाता है।

इस जीवन रूपी मूलधन को सांसारिक बातों में व्यर्थ खो देने से परमात्मा की भक्ति का लाभ कहाँ से प्राप्त होगा? दुर्बुद्धि तो ज्ञान से विहीन है। नानक ने तो गुरु के उपदेश पर विचार करके राम के नाम रूपी रस को चख लिया है और सच्चे परमात्मा में विश्वास कर लिया है।

मन रे राम जपहु

मन रे राम जपहु सुखु होई।
अहिनिसि गुरु के चरन सरेवहु
हरि दाता भुगता सोई।

जो अंतरि सो बाहरि देखहु
अवर न दूजा कोई जीउ।
गुरमुखि एक दूसट करि देखहु।
घटि-घटि जोति समोई जीउ।

चलतौ ठाकि रखहु घरि अपनै
गुर मिलिऐ इह मति होई जीउ।
गुरमुखु एक दूसट करि देखहु
घटि-घटि जोति समोई जीउ।

चलतौ ठाकि रखहु धरि अपनै
गुर मिलिऐ इह मति होई जीउ।
देखि अदूसट रहउ बिसमादी
दुखु बिसरै सुख होई जीउ।

पीवउ अपिउ परम सुखु पाईऐ
निज घरि वासा होई जीउ।
जनम-मरण भव-भंजनु गाईऐ
पुनरपि जनमु न होई जीउ।

तुतु निरंजनु जोति सबाई
सोहं भेदु न कोई जीउ।
अपरंपर पारब्रह्मु परमेसरु।
नानक गुर मिलिआ सोई जीउ।

अरे मन, राम का जप करो, जिससे सुख हो। रात-दिन गुरु के चरणों की आराधना करो; वही हरि दाता है और वही दान लेकर भोगने वाला है।

जो हरि तुम्हारे मन में विराजमान हैं, वही सृष्टि के बाहर है, उसी को सर्वत्र देखो, उसे छोड़कर और कोई दूसरा नहीं है। गुरु की शिक्षा द्वारा द्वैत मिटाकर एक अद्वैत दृष्टि से देखो कि उसी की ज्योति घट-घट में समायी हुई है।

चंचल मन को अपने ही हृदय रूपी घर में स्थिर करके रखो; किंतु बुद्धि सद्‌गुरु के मिलने पर ही प्राप्त होती है। अदृष्ट परमात्मा को देखकर, आश्चर्यमयी स्थिति में स्थित रहो, इससे सारे दुःख विस्मृत हो जाते हैं और अंत में सुख की प्राप्ति होती है।

नाम रूपी अमृत का पान करो और परम सुख प्राप्त करो। इससे तुम्हारा निवास अपने घर में हो जाएगा। जन्म-मरण तथा संसार के दुःखों को नष्ट करने वाले परमात्मा का गुणगान करो, इससे तुम्हारा जन्म फिर नहीं होगा।

वह माया से रहित हरि सबका तत्त्व है और सभी जगह उसकी ज्योति अर्थात् सत्ता विद्यमान है, उसमें और मुझमें कोई भी अंतर नहीं है। हे नानक, अपरंपार, परमब्रह्म और परमेश्वर मुझे गुरु के रूप में मिला है।

राम नाम जसु लेहू

मन रे राम नाम जसु लेइ।
बिनु गुर इहु रसु किउ लहउ गुरु मेलै हरि देइ।

संत जना मिलु संगती गुरमुखि तीरथु होइ।
अठसठि तीरथ मजना गुर दरसु परापति होइ।

जिउ योगी जत बाहरा तपु नाही सतु संतोखु।
तिउ नामै बिनु देहुरी जमु मारै अंतरि दोखु।

साकत प्रेमु न पाईऐ हरि पाईऐ सतिगुर भाइ।
सुख दुख दाता गुरु मिलै कहु नानक सिफति समाइ।

अरे मन राम की कीर्ति को ग्रहण कर। किंतु बिना गुरु के इस रस को तू कैसे प्राप्त करेगा? तू गुरु से मिल। वही तुझे हरि से मिलाएगा।

संतजनों की संगति में मिलना ही गुरुमुखों के लिए तीर्थ है। गुरु के दर्शन प्राप्त हो जाना ही अड़सठ तीर्थों का स्नान है।

जिस प्रकार संयम के बिना कोई योगी नहीं हो सकता और सत्य तथा संतोष के बिना वास्तविक तप नहीं होता है; उसी प्रकार शरीर भी नाम के बिना व्यर्थ है; इसके आंतरिक दोषों के लिए यमराज इसे मारेंगे।

शाक्त हरि का प्रेम नहीं प्राप्त कर सकता। हरि तो सद्‌गुरु में प्रेम करने से प्राप्त होता है। नानक कहते हैं कि सुख-दुःख को प्रदान करने वाले गुरु के मिलने पर शिष्य हरि के यश में समाहित हो जाता है।

राम भगति चितु लाईऐ

मन रे राम भगति चितु लाईऐ।
गुरमुखि राम नामु जपि हिरदे
सहज सेती घर जाईऐ।

भरमु भेदु भउ कबहू न छूटसि
आवत जात न जानी।
बिनु हरिनामु को मुकति न पावसि
डूबि मुए बिनु पानी।

धंधा करसि सगली पति खोवसि
भरमु न मिटसि गवारा।
बिनु गुर सबद मुकति नहीं कबही
अंधुले धंधु पसारा।

अकुल निरंजन सिउ मनु मानिआ
मन ही ते मनु मूआ।
अंतरि बाहरि एको जानिआ
'नानक' अवरु न दूआ।

हे मन राम की भक्ति में चित्त लगा। गुरु द्वारा राम-नाम हृदय में जप और सहज भाव से अपने

आत्मस्वरूपी घर में प्रवेश कर।

हे प्राणी, तेरे भ्रम, भेद-भाव और भय कभी नहीं छूटते। तू इस संसार में आता-जाता रहता है, पर तुझे समझ नहीं आती। बिना हरि के नाम के किसी को भी मुक्ति प्राप्त नहीं हो सकती। ऐसे प्राणी बिना पानी के ही डूब मरते हैं।

ऐ मूर्ख, सांसारिक धंधों को करने में ही, तू अपनी सारी प्रतिष्ठा खो देता है, तेरा भ्रम नहीं मिटता। गुरु के उपदेश के बिना मुक्ति कभी प्राप्त नहीं होती, अंधा प्राणी सांसारिक प्रपंचों के प्रसार में ही लिप्त रहता है।

कुल-रहित और निरंजन हरि से मन मान गया। इस प्रकार प्रकाशवान् मन द्वारा अहंकार युक्त मन मर गया। नानकदेव कहते हैं कि अंदर और बाहर दोनों स्थानों में एक हरि को जान लिया। अब हरि को छोड़कर और कोई वस्तु प्रतीत नहीं होती।

मनु भूलउ भरमसि

मनु भूलउ भरमसि आइ जाइ।
अति लुबध लुभानउ बिखम माइ।
नह असथिरु दीसै एक भाइ।
जिउ मोन कुंडलीआ कंठि पाइ।

मनु भूलउ समझसि साचि नाइ।
गुर सबद बीचारे सहज भाइ।
मनु भूलउ भरमसि भवर तार।
बिल बिरथे चाहे बहु बिकार।
मैगल जिउ फाससि कामहार।
कड़ि बंधनि बाधिओ सीस मार।

मनु मुगधो दादरु भगति हीनु।
दरि भ्रसट सरापी नाम बीनु।
ता के जाति न पाति नाम लीन
सभि दूख सखाई गुणह बीन।

मनु चलै न जाई ठाकि राख।
बिनु हरि रस राते पति न साखु।
तू आपे सुरता आपि राखु।
धरि धारण देखे जाणै आपि।

मन माया के विषयों में भूलकर और भ्रमित होकर संसार-चक्र में आता-जाता रहता है। वह माया के विषम आकर्षणों में अत्यधिक लुब्ध हो गया है। किसी एक का प्रेभ स्थिर नहीं दिखाई पड़ता। मन लोभ में फँसकर इस प्रकार मारा जाता है जैसे मछली चारे के लोभ में गले में कुंडी डलवाकर मारी जाती है।

हे भूले हुए मन, सच्चे नाम को समझ; तू सहज भाव से गुरु के शब्दों पर विचार कर।

हे मन, तू भौंरे की भाँति भटककर भ्रमित हो रहा है। नौ गोलकों (बिलों) वाली इंद्रियाँ व्यर्थ हैं; इन्हीं के द्वारा मन बहुत से विकारों में फँस जाता है। हे मन, तू वासनाओं में फँसकर हाथी के समान बँध जाता है। बाद में बँधनों में कसकर बाँधा जाता है और तेरे सिर पर अनेक प्रकार के आघात किए जाते हैं।

हे मूर्ख मन, तू भक्ति से रहित होकर दादुर के समान हो गया है। नाम के बिना प्राणी हरि के द्वार से भ्रष्ट तथा शापित हो जाता है। उसकी न जाति है, न पाँति, न उसका कोई नाम लेता है। गुणों के अभाव में समस्त दु:ख ही उसके साथी होते हैं।

मन सदैव चंचल रहता है, वह रोका नहीं जा सकता। हरि-रस में अनुरक्त हुए बिना उसका आदर भी नहीं होता। हे प्रभु, तू आप ही सुरतिवाला है, अत: आप ही रक्षा कर। धरती को धारण कर। तू ही उसे देखता और जानता है।

मनु मांजे सचु होई

कहणु कहै सभु कोई कवडु आखीऐ।
हउ मूरखु नीचु अजाणु समझा साखीऐ।

सचु गुर की साखी अंमृत भाखी तितु मनु मानिआ मेरा।
कूचु करहि आवहि बिखु लादे सबदि सचै गुरु मेरा।

आखणि तोटि न भगति भंडारी भरिपुरि रहिआ सोई।
नानकु साचु कहै बेनंती मनु मांजै सचु होई।

हे प्रभु, तेरे महत्त्व का कथन सभी करते हैं किंतु तेरा वर्णन कौन कर सकता है। हम मूर्ख, नीच और अज्ञानी हैं। गुरु के उपदेश से मैंने इस वास्तविकता को समझ लिया है।

सच्चे गुरु की शिक्षा अमृत के समान उत्तम कही गई है, गुरु की शिक्षा से मेरे मन ने इस बात को स्वीकार कर लिया है।

यह जीवन विष से लदा हुआ है और उसी अवस्था में कूच कर जाता है। सच्चे शब्द (नाम) से गुरु की प्राप्ति होती है और आवागमन समाप्त हो जाता है।

हरि की महत्त्व-कथा और उसके भक्ति-भंडार की कोई कमी नहीं है। हरि सर्वत्र व्याप्त है, परिपूर्ण हैं। नानक सच्ची विनती करते हैं कि वही व्यक्ति सच्चा है, जो मन को माँजकर शुद्ध करता है।

मरणि न मूरतु पूछिया

मरणि न मूरतु पूछिआ पुछि थिति न वारु।

इकनी लदिआ इकि लदि चले इकनी बधे भार।
इकना होई साखती इकना होई सार।

लसकर सणै दमामिआ छुटे बंक दुआर।
नानक ढेरी छारु की भी फिरि होई छार।

नानक ढेरी ढहि पई मिटी संदा कोटु।
भीतरि चोरु बहालिआ खोटु वे जीआ खोटु।

मृत्यु न तो मुहूर्त पूछती है, न तिथि और न वार। वह अपने समय पर आ ही जाती है, और जीव को लेकर चली जाती है।

कुछ ने तो अपना बोझ लाद लिया और कुछ लोग लादकर चल दिए हैं और कुछ लोग अपना भार बाँध रहे हैं।

कुछ तो घोड़े के साज-सामान सँभाल चुके हैं और कुछ सामान की खोज-खबर ले रहे हैं।

लश्कर के साथ नगाड़े बज चुके हैं और सुंदर घर के द्वार छूट चुके हैं।

नानक का कथन है कि मनुष्य का शरीर पहले भी मिट्टी का ढेर था और मृत्यु के बाद भी मिट्टी का ढेर हो गया।

मिहर मसीति सिदकु मुसला

मिहर मसीति सिदकु मुसला हकु हलालु कुराणु।
सरम सुंनति सीलु रोजा होहु मुसलमाणु।
करणी काबा सचु पीरू कलमा करम निवाज।
तसबी सा तिसु भावसी नानक रखै लाज।

हकु पराइआ नानका उसु सूअर उस गाइ।
गुरु पीरू हामा ता भरे जा मुरदारु न खाइ।
गली भिसति न जाईऐ छुटै सचु कमाइ।
मारण पाहि हराम महि होइ हलालु न जाइ।
नानक गली कूडीई कुडो पलै पाइ।

दया को अपनी मस्जिद बनाओ, श्रद्धा को मुसल्ला, हक की कमाई को कुरान, लज्जा को सुन्नत मानो और शील-स्वभाव का रोजा रखो, तब तुम सच्चे मुसलमान बनोगे।

तुम्हारा आचरण ही काबा है, सच ही पीर है, कर्म ही कलमा और नमाज है। जो बात खुदा को अच्छी लगे, वही तुम्हारी तसबीह (जप की माला) है। नानकदेव कहते हैं कि खुदा ऐसे लोगों की ही लज्जा रखता है।

पराया हक, मुसलमान के लिए सुअर और हिंदू के लिए गाय है। गुरु और पीर उसी व्यक्ति की हामी भरते हैं, जो बेईमानी की कमाई नहीं खाता। केवल लंबी बातें करने से स्वर्ग में नहीं जाया जा सकता। सच की कमाई से ही छुटकारा होगा। हराम के मांस में चतुराई का मसाला डाल देने से वह हलाल नहीं बन जाता। झूठी बातें करने से झूठ ही पल्ले पड़ता है।

रुति आइले सरस बसंत

रुति आइले सरस बसंत माहि।
रंगि राते रवहि सि तेरे चाइ।
किसु पूज चड़ावउ लगउ पाइ।

तेरा दासनिदासा कहउ राइ।
जगजीवन जुगति न मिलै काइ।

तेरी मूरति एका बहुतु रूप।
किसु पूज चड़ावउ देउ धूप।
तेरा अंतु न पाइआ कहा पाइ।
तेरा दास निदासा कहउ राइ।

तेरे सठि संबत सभि तीरथा।
तेरा सचु नामु परमेसरा।
तेरी गति अविगति नहीं जाणीऐ।
अणजाणत नामु बखाणीऐ।

नानकु बेचारा किआ कहै।
सभ लोकु सलाहे एक्से।
सिरु नानक लोका पाव है।
बलिहारी जाउ जेते नाव है।

उन्हीं भाग्यशाली व्यक्तियों के लिए बसंत ऋतु आई है और ये इस बसंत ऋतु में आनंदित है, जो तेरे नाम में अनुरक्त हैं और तेरे ही उत्साह में रमण करते हैं। हरि को छोड़कर मैं किसी और को क्या पूजा चढ़ाऊँ?

हे राय, मैं तेरे दासों का दास हूँ और कह रहा हूँ कि किसी अन्य साधन से जीवन की मुक्ति प्राप्त नहीं होती है।

हे प्रभु, तेरी मूर्ति तो एक ही है, किंतु उसके स्वरूप बहुत से हैं। मैं किसे पूजा चढ़ाऊँ और किसे धूप आदि सामग्री निवेदित करूँ?

हे हरि, तेरा अंत नहीं पाया जा सकता, उसे किस प्रकार प्राप्त किया जाए? मैं तेरे दासों का दास हूँ और निवेदन कर रहा हूँ।

हे प्रभु, साठ संवत् अर्थात् अनंत वर्ष और तीर्थ तेरे ही हैं। हे परमेश्वर, तेरा नाम सत्य है। हे हरि, तेरी गति अकथनीय है, वह जानी नहीं जाती। अतएव बिना जाने ही तेरे नाम का गुणगान और चिंतन करना चाहिए।

हे प्रभु, यह बेचारा नानक, तेरा क्या वर्णन करे? सभी लोग उस एक प्रभु की ही स्तुति करते हैं। उन लोगों के चरणों में नानक का सिर समर्पित है। जितने भी तेरे नाम हैं, मैं उन सब पर बलिहारी जाता हूँ।

सदा अनंदि रहहि दिनु राती

मुसलमाना सिफति सरीअति पड़ि पड़ि करहि बीचारु।
बंदे से जि पवहि विचि बंदी बेखणा कउ दीदारु।

हिंदू सालाही सालाहनि दरसनि रूपि अपारु।
तीरथ नावहि अरचा पूजा अगरवासु बहकारु।

जोगि सुनि धिआवन्हि जेते अलख नामु करतारु।
सूखम मूरति नामु निरंजन काइआ का आकारु।

सतीआ मनि संतोखु उपजै देणै के वीचारि।
देदे मंगहि सहसा गूणा लोभ करे संसारु।

चोरा जारा तै कूड़िआरा खाराबा बेकार।
इकि होदा खाइ चलहि ऐथाऊ तिना भी काई कार।

जलि थलि जीआ पुरीआ लोआ आकारा आकार।
ओइ जि आखहि सु तूं है जाणहि तिनाभि तेरी सार।

नानक भगता भुख सालाहणु सचु नामु आधारु।
सदा अनंदि रहहि दिनु राती गुणवंतिआ पाछारु।

मुसलमानों को शरीअत की प्रशंसा सबसे अधिक अच्छी लगती है। वे शरीअत को पढ़-पढ़कर यह विचार करते

हैं कि परमात्मा का दीदार पाने के लिए जो व्यक्ति शरीअत की बंदगी में पड़ते हैं, वे ही उसके बंदे हैं।

हिंदू अपने धार्मिक ग्रंथों द्वारा स्तुति-योग्य दर्शनीय स्वरूप वाले अपार हरि की प्रशंसा करते हैं। वे तीर्थों में नहाते हैं, मूर्तियों की पूजा-अर्चना करते हैं और अगर आदि सुगंधित द्रव्यों का व्यवहार करते हैं।

योगीगण शून्य समाधि लगाकर परमात्मा का ध्यान करते हैं और 'अलख', 'अलख' उच्चारण करते हैं। योगियों के मतानुसार परमात्मा सूक्ष्म स्वरूप वाला है, निरंजन (मायारहित) है, और सारा दृश्यमान जगत् उसी की काया है।

किसी पात्र को दान देने के विचार से दानियों के मन में संतोष उत्पन्न होता है; किंतु पात्रों को दे-दे कर वे मन ही मन परमात्मा से हजारों गुना अधिक माँगते हैं और जगत् उनके दान की प्रशंसा करता है।

दूसरी ओर जगत् में अनंत चोर, परस्त्री-गामी, झूठे, भौंड़े और विकारी भी हैं, जो पाप कर-करके पिछली की हुई कमाई को समाप्त करके खाली हाथ इस संसार से चल पड़ते हैं, पर ये सब भी परमात्मा के अंग हैं। उन्हें भी उसी ने कई कार्य सौंपे हैं।

जल में रहने वाले तथा स्थल पर निवास करने वाले, अनंत पुरियों, लोकों तथा अन्य दृश्यमान जगत् में अनंत जीव हैं। वे जो कुछ भी कहते हैं, हे कर्त्तार! तू उन्हें सब कुछ जानता है, उन्हें भी तेरा ही आसरा है।

हे नानक, भक्तजनों को केवल प्रभु की स्तुति की ही भूख रहती है। हरि का सच्चा नाम ही उनका आधार है। वे सदैव दिन-रात आनंद में रहते हैं और अपने आपको गुणवानों के चरणों की धूलि समझते हैं।

साचि न लागै मैलु

साचि न लागै मैलु किआ मलु धोईऐ।
गुणहि हारु परोइ किस कउ रोईऐ।

वीचारि मारै तारै उलटि जोनि न आवए।
आपि पारसु परम धिआनी साचु साचे भावए।

आनंदु अनदिनु हरखु साचा दूख किलवखि पहरे।
सचु नामु पाइआ गुरि दिखाइआ मैलु नाही सच मने।

सच्चे को मैल नहीं लगती, मैल क्या धो रहे हो?

गुणों का हार गूँथकर जब गले में पहन लिया तो फिर किस लिए रो रहे हो?

जो विचार द्वारा अपने अहंभाव को मार देता है वह स्वयं भी तरता है और दूसरों को भी तार देता है और फिर उलटकर योनि के बीच नहीं आता।

वह स्वयं पारस और महान् ध्यानी होता है। इस प्रकार का सच्चा पुरुष सच्चे हरि को अच्छा लगता है।

ऐसे व्यक्ति को प्रतिदिन आनंद और सच्चा हर्ष होता है। वह दुःखों और पापों को त्याग देता है। गुरु के दिखाने पर उसे सच्चे नाम की प्राप्ति हो गई है। उसके सच्चे मन में मैल नहीं रह गया है।

सावणु राति अहाड दिहु

सावणु राति अहाड दिहु कामु कोधु दुइ खेतु।
लबु वत्र दरोगु बीउ हाली राहकु हेतु।
हलु बीचारु बिकार मण हुक्मी खटे खाइ।
नानक लेखै मंगिऐ अउतु जणेगा जाइ।

ईश्वर से विमुख (जनमुख) लोगों के रात-दिन सावन और अषाढ़ की फ़सलें हैं, जिनमें काम-क्रोध के खेत बोये जाते हैं। लालच उनके खेतों के बोने का समय है। झूठ बीज है। कुमार्ग हलवाहा है। बुरा विचार ही हल है। मन की आज्ञा से वह ऐसी कृषि पैदा करता और खाता है। हे नानकदेव! लेखा माँगने के समय ऐसे व्यक्ति का पिता निपूता ही सिद्ध होता है।

सिंमल रूखु सराइरा

सिंमल रूखु सराइरा अति दीरघ अति मूचु।
ओइ जि आवहि आस करि जाहि निरासे कीतु।
फल फिके फुल बकबके कंमि न आवहि पत्तु।

मीठतु नीवी नानका गुण चंगि आइआ तत्तु।
सभु को निवै आप कउ परकउ निवै न कोइ।
धरी तराजू तो लिऐ निवै सु गउरा होइ।

अपराधी दूणा निवै जो हंता मिरगाहि।
सीस निवाइऐ किआ थीऐ जा रिदै कुसुधै जाहि।

सेमल का वृक्ष तीर के समान सीधा, बहुत ऊँचा और मोटा होता है, परंतु वे पक्षी जो फल खाने की आशा से इस पर आकर बैठते हैं, निराश होकर लौट जाते हैं। इसके फल फीके तथा फूल बेस्वाद होते हैं और इसके पत्ते भी किसी काम नहीं आते।

हे नानक! विनम्रता में मिठास है और गुणों और अच्छाइयों के तत्त्व विद्यमान हैं। सभी लोग अपने स्वार्थ के लिए झुकते हैं, दूसरों के लिए नहीं, परंतु तराजू में रखकर तौलने से पता लगता है कि जो चीज भारी होती है, उसी का पलड़ा झुकता है।

अपराधी व्यक्ति दूना झुकता है, जैसे शिकारी जानवर का शिकार करने के लिए झुककर निशाना बाँधता है। यदि हृदय अपवित्र है, तो मात्र सिर झुकाने से क्या मिलेगा?

हरि बिनु किउ धीरै मनु मेरा

हरि बिनु किउ धीरै मनु मेरा।
कोटि कलप के दूख बिनासन साचु दृड़ाइ निबेरा।

क्रोध निवारि जले हउ ममता प्रेमु सदा नउरंगी।
अनभउ बिसरि गए प्रभु जाचिआ हरि निरमाइलु संगी।

चंचल मति तिआगी भउ भंजन पाइआ एक सबदि लिव लागी।
हरि रसु चाखि तृखा निवारि हरि मेलि लए वड भांगी।

अमरत सिंचि भए सुभर सर गुरमति साचु निहाला।
मन रति नामि रते निहकेवल आदि जुगादि दइआला।

मोहनि मोहि लीआ मनु मोरा वडै भाग लिव लागी।
साचु बीचारि किलविख दुख काटे मनु निरमलु अनरागी।

गहरि गंभीर सागर रतनागर अवर नहीं अन पूजा।
सबदु बीचारि भरम भउ भंजन अवरु न जानिआ दूजा।

मनूआ मारि निरमलु पदु चीनिआ हरि रस रते अधिकाई।
एकस बिनु मै अवरु न जानां सतिगुरि बूझ बुझाई।

अगम अगोचरु अनाथु अजोनी गुरमति एको जानिआ।
सुभर भरे नाही चितु डोलै मन ही ते मनु मानिआ।

गुरपरसादी अकथउ कथीऐ कहउ कहावै सोई।
नानक दीन दइआल हमारे अवरु न जानिआ कोई।

परमात्मा के बिना मेरा मन किस प्रकार धैर्य धारण करे?

वह परमात्मा करोड़ों कल्पों के दु:खों का विनाश करनेवाला है और सत्य को दृढ़ कराके मुक्त करनेवाला है।

ईश्वर को प्राप्त करने के बाद क्रोध शांत हो गया, इससे अहंकार और ममता की भावनाएँ दग्ध हो गईं और शाश्वत नवीन प्रेम प्राप्त हो गया। अन्य भय विस्मृत हो गए; प्रभु की याचना से निर्मल परमात्मा को साथी के रूप में प्राप्त कर लिया।

चंचल बुद्धि को त्यागकर भय को नष्ट करनेवाले परमात्मा को प्राप्त कर लिया; अब एक शब्द (केवल नाम) में एकनिष्ठ ध्यान लग गया है। हरि-रस का आस्वादन करके मैंने सांसारिक तृषा को समाप्त कर दिया है। मुझ सौभाग्यशाली को परमात्मा ने अपने में मिला लिया है।

खाली सरोवर परमात्मा के नाम रूपी अमृत-जल से सिंचकर लबालब भर गए। मैंने गुरु के द्वारा सत्य का दर्शन कर लिया। मन की प्रीति से मैं प्रभु के प्रेम में रँग गया हूँ। परमात्मा आदि युगों से दयालु है।

मोहन ने मेरा मन मोह लिया है; बड़े भाग्य से उसमें

एकनिष्ठ ध्यान लग गया है। सत्य को विचार कर मैंने पापों एवं दुःखों को काट दिया है और मेरा मन निर्मल प्रभु में अनुरक्त हो गया है।

परमात्मा रत्नों की खानि का गहरा और गंभीर समुद्र है। परमात्मा के अतिरिक्त मैंने किसी की पूजा नहीं की। शब्दों पर विचार करके भ्रम तथा भय को दूर करनेवाले प्रभु को ही पहचाना; और किसी को नहीं पहचाना।

अहंकारयुक्त मन को मारकर मैंने परमात्मा के निर्मल पद को पहचान लिया और हरि-रस में अत्यधिक अनुरक्त हो गया। एक परमात्मा के अतिरिक्त मैंने किसी और को नहीं जाना; सद्गुरु ने ही यह समझ समझाई।

मैंने गुरु द्वारा अगम, अगोचर, सर्व-स्वतंत्र, अयोनि और एक हरि को जान लिया। अब मेरा हृदयरूपी सरोवर हरि के अमृत-जल से पूर्ण रूप से भर गया है, जिससे चित्त चलायमान नहीं होता और ज्योतिर्मय मन से अहंकारी मन मान गया है।

गुरु की कृपा से अकथनीय परमात्म-तत्त्व का कथन होने लगा। वह प्रभु जो कुछ भी मुझसे कहलाता है, मैं वही कहता हूँ। नानकदेव कहते हैं कि दीन-दयालु परमात्मा ही हमारा है; उसके अतिरिक्त मैंने किसी और को नहीं जाना।

हरि बिनु किउ रहीऐ

हरि बिनु किउ रहीऐ दुखु बिआपै
जिह्वा सादु न फीकी रस बिनु
बिनु प्रभु कालु संतापै।

जब लगु दरसु न परसै प्रीतम
तब लगु भूख पिआसी।
दरसनु देखत ही मनु मानिआ
जल रसि कमल बिगासी।

ऊनवि घनहरु गरजै बरसै
कोकिल मोर बैरागै।
तरवर बिरख बिहंग भुइअंगम
घरि पिरु धन सौहागै।

कुचिल कुरूपि कुनारि कुलखनी
पिर का सहजु न जानिआ।
हरि रस रंगि रसन नहीं तृपती
दुरमति दूख समानिआ।

आइ न जावे ना दुखु पावै
ना दुख दरदु सरीरे

नानक प्रभ से सहज सुहेली
प्रभु देखत ही मनु धीरे।

हरि के बिना किस प्रकार रहा जा सकता है? इसीलिए इतना अधिक दुःख व्याप्त हो रहा है। हरि रूपी रस के बिना जीभ में स्वाद नहीं रहता, वह उसके अभाव में फीकी रहती है। प्रभु के बिना काल भी दुःख देता है।

जब तक प्रियतम का दर्शन और स्पर्श नहीं हो जाता, तब तक भूख और प्यास समाप्त नहीं होती। प्रभु का दर्शन करते ही मन मान जाता है और जीवात्मा इस प्रकार आनंदित हो जाती है कि जैसे जल में मधुर कमल खिल जाता है।

बादल झुककर गरजते-बरसते हैं। परिणामतः कोयलों और मोरों में प्रेम उत्पन्न होता है। वर्षा ऋतु के आने पर जिस प्रकार वृक्ष, बैल, पक्षी, सर्प आदि आनंदित हो जाते हैं, उसी प्रकार जिसके घर में पति है, वह सुहागिनी स्त्री आनंदित होती है।

गंदी, कुरूप, बुरी तथा कुलक्षणी स्त्री प्रियतम के स्वभाव को नहीं जानती। जिसकी जीभ हरि-रस से तृप्त नहीं होती, वह दुर्बुद्धि दुःखों में पड़ी रहती है।

जो हरि रस में आनंद प्राप्त करता है, वह न कहीं आता है और न जाता है, वह दुःख भी नहीं पाता; उसके शरीर में दुःख-दरिद्रय का निवास नहीं रहता।

नानकदेव कहते हैं कि जीवात्मा रूपी स्त्री प्रभु की समीपता के कारण सहज सुख प्राप्त करती है; प्रभु को देखकर उसका मन धैर्य से भर उठता है।

बारामाह

चैत्र

चेतु बसंतु भला भवर सुहावडे।
बन फूल मंझ बारि मै पिरु घरि बाहुडे।
पिरु घरि नहीं आवै धन किउ,
सुखु पावै बिरहि विरोध तनु छीजै।
कोकिल अंबि सुहावी किउ दुखु अंकि सहीजै।
भवरु भवंता फूली डाली किउ जीवा मरु पाए।
नानक चेति सहजि सुखु पावै जे हरि वरु घ्ररि धन पाए।

चैत्रमास में बसंत ऋतु छा गई है। भोरों की गूँज बड़ी सुहावनी प्रतीत हो रही है। वनों में पुष्प खिले हुए हैं। ऐसे में मेरा प्रिय घर आ जाय।

यदि प्रियतम घर लौटकर नहीं आता है तो उसकी स्त्री कैसे सुख पा सकती है? विरह के कारण उसका शरीर निरंतर छीजता रहता है।

अमराइयों में कोयल मधुर वाणी में बोलती रहती है। उसके मधुर स्वर को सुनकर विरह का दुःख अपने हृदय में किस प्रकार सहेजकर रखा जाय?

फूली हुई डालियों पर भौंरा मँडरा रहा है। ऐसी मारक स्थिति में मैं कैसे अपना जीवन धारण करूँ?

नानक कहते हैं कि चैत्रमास में यदि आत्मा रूपी स्त्री परमात्मा रूपी पति को अपने घर में प्राप्त कर ले तो उसे सहज सुख की प्राप्ति हो जाय।

वैशाख

वशाखु भला साखा वेस करे।
धन देखै हरि दुआर आवहु दइआ करे।
घरि आउ पिआरे दुतर तारे तुधु बिनु अढु न मोलो।
कीमती कउण करे तुधु भावां देखि दिखावै ढोलो।
दूरि न जाना अंतरि माना हरि का महलु पछाना।
नानक बैसाखी प्रभु पावै सुरति सबदि मनु माना।

बैशाख का महीना बड़ा भला लग रहा है। इस मास में वृक्षों की शाखाएँ अनेक प्रकार से अपना वेश बनाती हैं।

स्त्री (अपने) द्वार पर खड़ी होकर हरि की प्रतीक्षा करती है। वह कहती है कि (हे प्रभु) दया करके घर आ जाओ। हे प्यारे, मुझे इस दुस्तर संसार-सागर से पार लगाओ। तुम्हारे बिना तो मेरा मूल्य कोड़ी के बराबर भी नहीं है।

यदि मैं तुम्हारे मन को भा जाऊँ तो मेरा मूल्य कौन आँक सकता है? कोई तो मुझे मेरे प्रियतम के दर्शन करा दे।

मैं तुझे दूर नहीं मानती। सदैव अपने हृदय में स्थित मानती हूँ। मैं हरि का महल पहचानती हूँ।

गुरु नानक कहते हैं कि वैशाख में सुहागिन नारी प्रभु की सुरति और शब्द में मन लगाकर उसे प्राप्त करती है।

जेठ

माहु जेठु भला प्रीतम किउ बिसरे।
थल तापहि सर भार साधन बिनउ करै।
धन बिनउ करे दी गुण सारे दी गुण सारी प्रभ भावा।
साचै महलि रहै बैरागी आवण देहि त आवा।
निमाणी निताणी हरि बिनु किउ पावै सुख महली।
नानक जेठि जाणै तिसु जैसी करमि मिलै गुण गहिली।

इस भले जेठ मास में मेरे प्रियतम ने मुझे क्यों विस्मृत कर दिया है? सारा संसार भाड़ की तरह तप रहा है। स्त्री अपने प्रियतम से विनती कर रही है। वह उसके गुणों का स्मरण करती है और कहती है कि प्रभु (मेरी कामना है कि) मैं आपको भली प्रतीत होऊँ।

मेरा वैरागी प्रभु सत्य के महल में रहता है। यदि वह अपने महल में आने की आज्ञा दे दे तो मैं (वहाँ) आ जाऊँ।

जीवात्मा रूपी स्त्री को हरि के बिना सम्मान नहीं मिलता। वह बलहीन बनी रहती है। उसे प्रभु के महलों का सुख कैसे प्राप्त हो सकता है?

गुरु नानक कहते हैं कि जेठ मास में उस प्रभु को जानने से जीवात्मा उसी के समान हो जाती है। उसे परमात्मा की कृपा प्राप्त होती है और वह (उनके) गुणों को ग्रहण करने वाली बन जाती है।

आषाढ़

आसाडु भला सूरजु गगनि तपै।
धरती दुखु सहै सोखै अगनि भखै।
अगनि रसु सोखै मरीऐ धोखै भी सो किरतु न हारे।
रथु फिरै छाइआ धन ताकै टीडु लवै मंझि बारे।
अवगण बाधि चली दुखु आगे सुखु तिसु साचु समाले।
नानक जिस नो इहु मनु दीआ मरणु जीवणु प्रभ नाले।

आषाढ़ मास में सूरज आकाश में तपता है। पृथ्वी दु:खों को सहन करती है। वह निरंतर सूखती रहती है और आग के समान तपती रहती है।

अग्नि रूपी सूर्य जल को सुखाता है। जल सुलग-सुलग कर मरता है। सूरज निरंतर अपने कार्य में लगा रहता है। वह हारता नहीं। दु:खों का यह सूर्य-रथ निरंतर घूमता रहता है। इसमें जीवात्मा रूपी स्त्री छाया की खोज करती रहती है। वह उसी प्रकार व्याकुल होकर घूमती है जिस तरह टिड्ढे जंगल में ताप से बचते घूमते हैं।

जीवात्मा रूपी जो स्त्री इस संसार के अवगुणों को एकत्र करके ले जाती है, उसे निरंतर दु:ख-ही-दु:ख प्राप्त होता है। सुख तो उसी को मिलता है, जो सत्य का मार्ग अपनाती है।

गुरु नानक कहते हैं कि जिसे इस तरह का हृदय प्राप्त हो गया है, उसका जीना-मरना तो प्रभु के साथ में ही होता है।

सावन

सावणि सरस मना घण बरसहि रुति आए।
मैं मनि तनि सहु भावै पिर परदेसि सिधाए।
पिरु घरि नहीं आवै मरीऐ हावै दामनि चमकि डराए।
सेज इकेली खरी दुहेली मरणु भइआ दुखु कमाए।
हरि बिनु नींद भूख कहु कैसी कापडु तनि न सुखावए।
नानक सा सोहागणि कंती पिर के अंकि समावए।

मन को सरसाने वाली सावन ऋतु आ गई है, बादल बरस रहे हैं।

मेरे तन और मन को भले प्रतीत होनेवाले मेरे प्रियतम परदेश चले गए हैं। मेरे प्रियतम इस सावन ऋतु में भी घर नहीं आ रहे हैं। मैं इस दुःख से मर रही हूँ। बिजली चमककर मुझे भयभीत कर रही है।

मैं अपने बिस्तर पर अकेली हूँ। मैं बहुत अधिक दुःखी हूँ। हे माँ, यह दुःख तो मृत्यु के समान हो गया है।

हरि के बिना कैसी नींद और कैसी भूख! अब तो शरीर पर पहने हुए वस्त्र भी सुख नहीं दे रहे हैं। गुरु नानक कहते हैं कि वही सुहागिन है, जो अपने प्रिय के अंक में समा जाती है।

भादो

भादउ भरमि भुलि भरि जोबणि पछुताणी।
जल थल नीरि भले बरसे रुते रंगु माणी।
बरसै निसि काली किउ सुखु बाली दादर मोर लवंते।
पिउ पिउ चवै पपीहा बोलै भुइअंगम फिरहिं डसंते।
मछर डंग साइर भर सुभर बिनु हरि किउ सुखु पाईऐ।
नानक पूछि चलउ गुर अपुने जह प्रभु तह ही जाईऐ।

भादों मास में स्त्री यौवन से भर गई है और भ्रम में पड़कर भूल गई है। इसी कारण वह पश्चात्ताप कर रही है।

भादों रंगों से भरा हुआ वर्षा का महीना है। तालाबों में और धरती पर हर जगह पानी-ही-पानी भर गया है। काली अँधेरी रात में पानी बरस रहा है किंतु स्त्री को प्रियतम के बिना सुख की प्राप्ति कैसे हो सकती है?

मेढक और मोर बोल रहे हैं। पपीहा पीउ-पीउ बोल रहा है। सर्प प्राणियों को डसते हुए घूम रहे हैं। मच्छर डंक मार रहे हैं। सरोवर पानी से भरे हुए हैं किंतु प्रभु के बिना जीवात्मा को सुख कैसे मिल सकता है?

गुरु नानक कहते हैं कि अपने गुरु के निर्देश के अनुसार उस मार्ग पर चलो जिस पर प्रभु की प्राप्ति हो सके।

आश्विन

असुनि आउ पिरा साधन झूरि मुई।
ता मिलीऐ प्रभ मेले दूजै भाई खुई।
झूठि विगुती ता पिर मुती कुकह काह सि फूले।
आगै घाम पिछै रुति जाडा देखि चलत मनु डोले।
दहदिसि साख हरी हरिआवल सहजि पकै सो मीठा।
नानक असुनि मिलहु पिआरे सतिगुर भए बसीठा।

आश्विन मास आ गया है। हे प्रिय, अब आ जाओ। तुम्हारी प्रिया वियोग में जलकर मर रही है। जीवात्मा से प्रभु का मिलन उसकी कृपा से ही होता है। द्वैत भाव रखनेवाली स्त्री तो नष्ट हो जाती है।

झूठी माया में पड़कर जीवात्मा नष्ट हो जाती है और पति-परमेश्वर द्वारा उसका त्याग कर दिया जाता है।

कोका बेली और कास फूल रहे हैं। आगे-आगे धूप जा रही है और पीछे-पीछे शीतऋतु आ रही है। यह देखकर मन भयभीत हो रहा है। दसों दिशाओं में वृक्षों की हरी-हरी शाखाओं की हरियाली छायी हुई है। फल स्वाभाविक ढंग से पककर मीठे हो रहे हैं।

गुरु नानक कहते हैं कि हे प्रभु, आश्विन मास में आकर हमसे मिलिए। अब सद्‌गुरु हमारे मध्य आकर स्थित हो गए हैं।

कार्तिक

कतकि करितु पाइआ जो प्रभ भाइआ।
दीपक सहजि बलै तति जलाइआ।
दीपक रस दन पिर मेलो धनं ओमा है सरसी।
अवगण मारी मरै न सीझै गुणि मारी ता मरसी।
नामु भगति दे निज घरि बैठे अजहु तिनाड़ी आसा।
नानक मिलहु कपट दर खोलहु एक घड़ी खटु मासा।

कार्तिक मास में उसी को फल की प्राप्ति होती है, जिसे प्रभु पसंद करते हैं। वही दीपक सहज भाव से जलता है, जिसे ज्ञान-तत्त्व से जलाया जाता है।

उस दीपक में प्रेम का तेल है। उसके प्रकाश में जीवात्मा का परमात्मा से मिलन होता है और जीवात्मा मिलन के उत्साह से हर्षित हो जाती है।

अवगुणों से भरी हुई जीवात्मा मरकर भी मुक्त नहीं होती। उसे मुक्ति तभी मिलेगी जब वह गुणों से परिपूर्ण होगी।

हे प्रभु, तुम जिसे नाम और भक्ति देते हो, वही अपने घर आत्मस्वरूप पाकर विद्यमान हो जाता है और उसे ही निरंतर तुम्हारी आशा लगी रहती है।

गुरु नानक कहते हैं कि प्रभु से कपट के द्वार खोलकर मिलो। प्रभु के विरह में एक घड़ी भी छः मास के बराबर हो गई है।

अहगन

मंघर माहु भला हरि गुण अंकि समावए।
गुणवंती गुण रवै मै पिरु निहचल भावए।
निहचलु चतरु सुजाणु बिधाता चंचलु जगतु सबाइआ।
निआनु धिआनु गुण अंकि समाणे प्रभ भाणे ता भाइया।
गीत नाद कवित कवे सुणि राम नामि दुखु भागे।
नानक साधन नाह पिआरी अभ भगती पिर आगै।

यदि हमारे हृदय में प्रभु के गुण के समा जाएँ तो अगहन का महीना बहुत भला प्रतीत होता है। गुणवती स्त्री प्रभु के गुणों में निमग्न रहती है। मुझे भी निश्चल प्रभु अच्छा लगता है।

प्रभु ही स्थिर, चतुर और सुजान विधाता है। पूरा संसार चंचलता से भरा हुआ है। जब प्रभु चाहता है तभी भक्त में ज्ञान और ध्यान आदि गुण आकर बस जाते हैं और उसे भक्त प्रिय प्रतीत होने लगता है।

मैंने कवियों के अनेक गीत, संगीत और कवित्व सुने किंतु मेरे दुःख राम का नाम सुनकर ही भाग गए।

गुरु नानक कहते हैं कि जो स्त्री अपने पति की हार्दिक भक्ति करती है, वही उसका प्यार प्राप्त करती है।

पौष

पौखि तुखारु पड़ै वणु तृणु रसु सोखे।
आवत की नाही मनि तनि वसहि मुखे।
मनि तनि रवि रहिआ जगजीवनु गुरसबदी रंगु माणी।
अंडज जेरज सेतज उतभुज घटि घटि जोति समाणी।
दरसनु देहु दइआपति दाते गति पावहु मति देहो।
नानक रंगि रवै रसि रसिका हरि सिउ प्रीति सनेहो।

पौष मास में पाला पड़ता है। वन के वृक्ष और पत्तों का रस सूख जाता है। हे प्रभु, आप तो मेरे तन-मन और मुख में निवास करते हो, फिर मेरे पास क्यों नहीं आते?

प्रभु ही मेरे तन और मन में रम रहा है। वही जगत् का जीवन है। गुरु के शब्द द्वारा ही प्रभु-मिलन के आनंद को प्राप्त किया जा सकता है। प्रभु का प्रकाश अंडज, जेरज, स्वदेज और उद्भिज प्राणियों के घट-घट में व्याप्त है।

हे दयालु दाता, मुझे अपने दर्शन देकर ऐसी बुद्धि प्रदान कीजिए, जिससे मैं शुभ गति को प्राप्त कर सकूँ।

गुरु नानक कहते हैं कि जिसे प्रभु से प्रीति हो गई है, वह जीवात्मा रूपी स्त्री रस-रसिक प्रभु के रंग में डूब जाती है।

माघ

माघि पुनीत भई तीरथु अंतरि जानिआ।
साजन सहजि मिले गुण गहि अंकि समानिआ।
प्रीतम गुण अंके सुणि प्रभ बंके तुधु भावा सरि नावा।
गंग जमुन तह बेणी संगम सात समुंद समावा।
पुन्न दान पूजा परमेसुर जुगि एको जाता।
नानक माघि महारसु हरि जपि अठसठि तीरथ नाता।

माघ मास में ज्ञान रूपी तीर्थ को अपने अंदर पहचानकर मैं पवित्र हो गई। मेरे साजन तुझे सहज भाव से प्राप्त हो गए। उनके गुणों को ग्रहण करके मैंने उन्हें अपने हृदय में समाहित कर लिया।

हे बाँके प्रभु! सुनिये, मैंने प्रियतम के गुणों को अपने हृदय में बसा लिया है। तुम्हें अच्छा लगना ही ज्ञान के पवित्र सरोवर में स्नान करने के समान है। इसी सरोवर में गंगा, जमुना और सरस्वती की त्रिवेणी का संगम है तथा सातों समुद्र इसमें समाए हुए हैं।

युगों-युगों में एक ही परमेश्वर को जानना दान, पुण्य और पूजा है। गुरु नानकदेव कहते हैं कि माघ मास में प्रभु का जप महारस है और सड़सठ तीर्थों में स्नान के समान मंगलकारी है।

फागुन

फलगुनि मनि रहसी प्रेमु सुभाइआ।
अनदिनु रहसु भइआ आपु गवाइआ।
मन मोहु चुकाइआ जा तिसु भाइआ करि किरपा घरि आओ।
बहुत बेस करी पिर बाझहु महली लहा न थाओ।
हार डोर रस पाट पटंबर पिरि लोडी सीगारी।
नानक मेलि लई गुरि अपणै घरि वरु पाइआ नारी।

फाल्गुन मास में जिनके मन में हरि का प्रेम रहता है, वे परम भाग्यशाली हैं। ऐसा व्यक्ति अपने अहंकार को समाप्त करके रात और दिनं आनंद की प्राप्ति करता है।

उस प्रभु के द्वारा अच्छा लगने पर मन के सारे मोह समाप्त हो गए। हे प्रभु, कृपा करके मेरे हृदय रूपी घर में निवास कीजिए। प्रिय की कृपा के बिना अनेक रूप धारण करके भी कोई उसके महल में स्थान प्राप्त नहीं कर सका। जब प्रियतम ने चाहा तो मैंने हार, डोर और पाटंबर से अपना श्रृंगार किया।

गुरु नानकदेव कहते हैं कि जब गुरु ने जीवात्मा को अपने साथ मिलाया तो उसे अपने घर में ही परमात्मा रूपी वर की प्राप्ति हो गई।